영어증권금융용어사전

이 동 욱 엮음
(국제금융센터 선임연구원)

머리말

 이 책을 본격적으로 쓰기 시작한 것은 우리의 주식시장이 외국인 투자가에게 처음으로 개방되던 해였다. 그렇게 시작된 외국인 투자 세력이 이제는 우리의 증시 움직임을 좌지우지하는 주요 세력으로 부상했다.
 그럼에도 불구하고 아직까지도 그들의 투자 세계에서 쓰이는 용어들을 정리한 책자가 제대로 없었다는 것은 놀랍기까지 한 일이다. 이제 이 책이 나옴으로써 그런 빈 공간을 메울 수 있으리라 믿는다.
 이 책은 증권 관련 전문 영어를 몰라 고생했던 신입사원 시절을 다른 사람들이 되풀이하지 않게끔 하려는 최초의 의도에서 출발하였다.
 증권회사의 영업점에서 출발하여 국제영업부, 국제금융부, 국제업무부, 해외주재원 시절을 거치고, 해외 증시와 금융시장의 이상 동향을 모니터하는 지금까지 해외 언론에서 다룬 증권과 금융 관련 기사에서 주로 발췌하여 모은 증권금융 전문용어(jargon) 모음집이라 할 수 있다.

기본적인 영어 단어 하나하나에 연연하기보다는 두 개 이상의 단어가 모여 새로운 뜻을 갖는 증권금융 관련 영어 표현의 데이터 뱅크를 만들어낸 것이다. 증권이나 은행 등 금융계 종사자, 증권과 금융산업에 관심이 많은 학생, 저널리스트, 투자가, 또는 일반인이 증권금융 관련 영어 작문이나 기사를 읽을 때 이용하면 더없이 편리한 안내서가 되도록 애를 썼다. 그런 이유에서 용어 하나하나를 학술계에서보다는 현장에서 캐내려 했다. 언어학적 표현을 빌리자면 'prescriptive'하기보다는 'descriptive'한 영어 위주로 책을 만들었다는 이야기이다.

다음과 같은 몇몇 예에서도 알 수 있듯이 단순하게 '한 단어의 뜻을 안다고 해서 해석이 가능하지 않은' 금융가에서만 쓰이는 프로들의 용어집인 것이다.

- bull run : 황소달리기 → 증시의 활황세 지속
- football team : 축구팀 → 주식이나 채권발행의 인수단 전체
- red chip : 붉은 칩 → 홍콩 등지에 상장된 중국 관련 우량주
- red herring : 붉은 청어 → 각종 발행 조건이 결정되지 않은 주식 / 채권 발행시의 사업설명서
- tank : 탱크 → 심하게 하락하다
- Yellow Book : 노란 책 → 영국 증시 상장 안내서인 '황서'

이러한 전문 용어들이 어떤 환경하에서 어떤 의미로 쓰이는지를 정확하게 알 수 있도록 가능한 한 충분한 예문을 함께 게재하였다. 다가오는 아시아 시대에 대비하여 한·중·일이 이 책을 함께 이용하자는 취지에서 가능한 한 한자를 병기했으며, 예문도 될 수 있는

한 미국이나 영국보다는 한국·일본·중국·대만·홍콩·싱가포르·말레이시아·태국 등 아시아 국가 위주로 골랐다.

또한 이 책에서 사용된 영어는 아무리 콩글리시 비슷한 느낌이 들더라도 native speaker가 쓴 책이나 신문에서 골랐으므로 안심하고 사용할 수 있을 것이다. 조금이라도 '김치 냄새'가 나는 듯한 예문은 과감히 삭제했기 때문이다. 그리고 성업공사(Korea Asset Management Corporation), 경실련(經實聯, Coalition of Citizen's Economic Justice) 등 한국의 주요 금융기관 및 경제기관의 영문 명칭을 첨부하여 게재한 것도 큰 장점이라 할 수 있다.

이 책을 쓰기까지 너무 힘이 들어 중도에 수차례 포기를 하기도 했고, 유사한 일본책을 그대로 베껴볼까 하는 흑심(?)을 품기도 했다. 그러나 누군가는 이런 책을 만들어야 한다는 나름대로의 각오와 주위의 격려 덕분에 근 10여 년 만에 이 책이 드디어 햇빛을 보게 되었다.

이 책은 절대로 술술 읽힐 만한 성질의 것이 아니다. 그러나 이 책을 보고 익히면 외국인들이 어떻게 생각하는지 그들의 방식대로 사물을, 특히 증권시장과 금융시장을 볼 수 있는 안목이 생길 것이다. 그리고 그들의 방식대로 표현하는 법을 배우게 될 것이다. 프로와 아마추어의 차이는 적확(的確)한 언어 구사력에서 드러나는 법이니까. 이 책은 그런 프로가 되는 지름길에 이를 수 있도록 약 10년 동안 엄청나게 많은 신문기사와 책자를 정리하여 만든 것이다. 그러므로 이 책을 통해 많은 사람들이 외국인들의 심리를 읽어 정확한 영어 표현력도 기르고 냉혹한 승부의 세계에서 승리자로 남을 수 있기를 바란다.

　많은 분들의 도움이 있었다. 특히 일본에서 나온 자료를 해박한 일어 실력으로 도와준 고려대학교 일문과 출신의 노정환 군, 오사카대학교 조선어과 출신의 오카겐지(剛建治) 군, 굿모닝 증권의 박상배 과장님, 영어 예문을 꼼꼼이 살펴보고 조언을 아끼지 않은 미국인 윌리엄 놀렌(William Nolen), 존 피커링(John Pickering) 그리고 동료였던 나카야마 신야, 샌드라 양, 김명숙 씨에게 특히 많은 신세를 졌으므로 이 기회를 통해 감사를 표하고자 한다.

　이제 후련하기 그지없다. 그동안의 땀과 노력이 이 책으로 열매를 맺었기 때문이다. 이 책을 누구보다도 먼저, 살아계신다면 가장 기뻐하실 어머니의 영전에 바친다.

　그리고 이 순간에도 객장에서 승부를 걸고 있을 영업사원과 투자기, 펀드매니저들, 애널리스트들, 금융시장과 증시의 발전을 위해 애쓰는 많은 관계자분들께 바친다. 끝으로 묵묵히 나를 믿어준 지영에게, 학창시절부터 많은 도움을 주신 이종환 교수님과 많은 주위분들께 바친다.

2000년 2월, 단말기 앞에서
李東욜

Contents

9	AAA	A
38	BA	B
68	Cabinet security	C
116	dabble at	D
137	EA	E
150	face	F
172	gadfly in the annual meeting	G
184	haircut	H
194	IACM	I
214	January effect	J
217	KAMCO	K
223	lame duck	L
239	M & A	M
258	Nagoya Stock Exchange	N

O OBHC	273
P Pacific Stock Exchange	287
Q QIB	314
R rat account practice	317
S S & L	334
T TAB	373
U UCC	397
V value	405
W wage hike, wage increase	408
X X	412
Y Yankee bond	413
Z zaibatsu	415
찾아보기	416
참고문헌	429

영어증권금융용어사전

AAA(American Arbitration Association) 미국 중재위원회(美國仲裁委員會).

ABA(American Bankers Association) 미국 은행가협회.

ABC agreement 미국 뉴욕증권거래소(NYSE)에서는 개인만이 회원이 될 수 있으므로 증권사에서 (시장부 근무) 직원에게 개인 명의로 회원권을 구입하도록 도와주고 증권회사와 해당 개인 간의 권리를 정한 계약서.

ability to pay 지불능력(支拂能力).

ability-to-pay principle 응능주의(應能主義).

above par(value) 액면초과액(額面超過額).
 오버파(Over par)라고도 한다. 보통 채권의 가격을 100으로 표시하고 100에 미달하는 경우를 언더파(Under par), 100을 초과하는 경우를 오버파(Over par)라고 한다.

absenteeism 만성적 태업(慢性的怠業), 사보타지(Sabotage).

absorbed 채권이 완매(完賣)된.

absorption 완매(完賣).
(A-) 국민총사용액.

accelerated depreciation 가속상각.
자산의 원가를 감가상각해 가는 방법으로 내용년수의 초기에 많은 금액을 원가에서 차감하여 상각한다.

account executive(AE) 계좌관리자.
미국증권회사의 영업사원을 가리키는 말로, Registered Representative(등록대리인) 또는 stockbroker라고도 하며, 미국 증권업협회(NASD)에 반드시 등록해야 한다. 고객에 대한 매매 자문과 주문 처리를 한다.

account receivable 외상매출금.
Account receivables are included in current assets because they will be realized in cash through collection within one year. 외상매출금은 1년 안에 대금회수가 되어 현금화될 것이므로 유동자산에 속한다.

account statement 잔고 현황(殘高現況).

account status report 잔고 현황.

account transfer 계좌이관(計座移管).

accountant 회계사(會計士).

accounting 회계(會計).

accounting cycle 회계주기.
Indicate in the sequence in which they are made, the three required steps in the accounting cycle that involve journalizing. The steps that involve journalizing are ① journalize the transactions ② journalize the adjusting entries and ③ journalize the closing entries. 분개와 연관 있는 회계주기의 3단계를 차례대로 표시하면, 첫째 거래분개를 하고, 둘째 수정분개를 하고, 셋째 마감분개를 하는 것이다.

accounting period 회계기간(會計期間).

accounting principles 회계원칙(會計原則).

accounting sleights-of-hand 회계조작(會計操作).
It wasn't necessary to specify what those things might be:the problems well-known;accounting sleights-of-hand, uneven disclosure, and investor's doubts over issue quality. 회계조작, 불공정 공시, 신규 발행회사의 내용에 대한 투자가들의 불신 등과 같은 문제들은 너무나 뻔한 것들이어서 열거할 필요도 없었다.

accounting standard 회계기준(會計基準).

accounting year 회계년도(會計年度).

accounts 회계(會計), 계좌(計座), 거래(去來).

payable accounts 외상매입금, 지불금(支拂金).

payable accounts turnover 외상매입금, 회전율.

receivable accounts 외상매출금 미수금계정(未收金計定).

receivable accounts turnover 외상매출금 회전율.

receivable accounts financing 외상매출금융(外上賣出金融).

accrediting party 신용장 개설자(信用狀開設者).

accrual 점증(漸增), 증가(增加).

accrual basis 발생주의(發生主義).
Accrual basis accounting means that the transactions that change a company's financial statements are recorded in the periods in which the events occur, rather than in the periods in which the company receives or pays cash. 발생주의 회계란 기업이 현금을 주거나 받는 기간이 아니라, 거래가 발생하는 기간에 기업의 재무상태의 변화를 재무제표에 기재하는 것을 말한다.

accrual method of accounting 발생주의 회계처리(發生主義會

計處理).

accrual of discount 할인액의 기간 대응 할부.
예를 들면 할인율 10%에 기간 5년인 채권의 경우, 매년 2%씩 할인이 누진되도록 회계처리를 하는 것이다.

accrued dividend 미수배당금(未收配當金).

accrued expense 발생비용(發生費用).

accrued income 미수익금(未收益金).

accrued interest 미수이자(未收利子).

accumulated depletion 감모상각 누적액(減耗償却累積額).

accumulated depreciation 감가상각 누적액.

accumulated dividend 누적배당금(累積配當金).

accumulated earnings(profit) **tax** 개인기업 등의 초과이윤에 대하여 부과하는 벌칙적 세금(罰則的稅金).

accumulated interest 누적이자(累積利子), 누적이익금(累積利益金).

accumulated surplus 내부유보이익(內部留保利益)의 누적액.

accumulation 매집(買集).

경영권 장악이나 시세차익을 목적으로 주식이나 채권을 사 모으는 행위이다.
An institute's accumulation program, for instance, may take weeks or months to complete. 예컨대 기관투자가의 매집활동은 몇 주 또는 몇 개월에 걸쳐 이루어진다.

accumulation area 매집가격대(買集價格帶), 주식 등을 사 모으는 가격 범위.
Technical analysts spot accumulation areas when a stock does not drop below a particular price. 기술적 분석가들은 주식 가격이 특정 가격 이하로 하락하지 않는 매집가격대를 잘 알아낸다.

accumulation plan(trust) 원금추가형 투자신탁(元金追加型投資信託).
투자신탁의 수익금을 매년 배당금으로 지급하지 않고 원금에 더하여 재투자하는 투자신탁 상품이다.

accumulative investment 누적투자(累積投資).

accumulative stock 누적배당형 주식(累積配當型株式).

acid test ratio 산성시험비율(酸性試驗比率), 유동비율(유동자산/유동부채)을 체크하는 지표.

acknowledgement 승인, 확인.

acquired surplus 합병차익(合倂差益), 취득잉여금(取得剩餘金).

acquisition cost 취득원가(取得原價), 매입원가(買入原價).

acquittance 대금수령증(代金受領證), 채무완납증서(債務完納證書).

across the board 전 종목에 걸쳐서.
When the market moves up across the board, almost every stock gains in price. 전 종목이 상승할 때 모든 주식의 가격이 오른다.

action 시황(市況), 소송(訴訟).

active bond portfolio 적극적인 채권 포트폴리오.

active market 활황장세(活況場勢).

active securities(stock, bond) 거래가 활발한 인기 종목의 유가증권(주식, 채권).

activity ratio 활동성 비율.

actual delivery 현물인수도(現物引受渡), 실물인도(實物引渡). 선물거래에서 통상의 결제를 차액만 주고받는 것과는 달리 현물을 직접 주고받는 것이다.

actual position 외환보유고 현황(外換保有高現況).

actuals 상품거래소에서 거래되는 유형상품(有形商品)과 함께 인덱스 상품의 청산절차를 거치고 난 뒤의 실물(實物) 또는 현물(現物).
　　◐ 〔참고〕 physicals 현물.

actuary 보험료율(保險料率)을 정산(定算)하는 계리사(計理士)·보험계리사(保險計理士).

ADB(Asia Development Bank) 아시아 개발은행(開發銀行).

ad valorem duty 종가세(從價稅).
　　가격의 고저에 따라 결정되는 과세 방식 또는 세금. 종가수입관세(從價輸入關稅)이다.
　　As one example, ad valorem duty assessment is based on value of the imported item rather than on its weight or quantity. 예를 들면 종가 수입관세 산정 방식은 수입 물품의 무게나 양이 아닌 가치에 기준한 것이다.

add on interest(rate) 소비자금융(消費者金融) 등에 이용되는 간편한 이자계산 방식(利子計算方式).
　　원금(元金)을 분할변제(分割辨濟)하여 일정 비율의 이자가 전 기간(全期間)에 걸쳐 지급된다.

additional margin 추가증거금(追加證據金).

adjustable 만기 또는 이율 등 발행조건 변경이 가능한.

adjustable coupon bond　만기조정가능채권(滿期調整可能債券).

adjustable peg　일정 변동폭을 넘는 경우 외환율을 변동시킬 수 있는 변동환율제(變動換率制).

adjustable rate mortgage　변동금리형 주택대부제도(變動金利型住宅貸附制度).

adjusted debit balance　신용거래 융자잔고(信用去來融資殘高).

adjusted gross income　수정 후 총소득(修正後總所得).
개인소득세 신고에 사용한다.

adjusted multiplier　수정배율(修正倍率).

adjusted stock price average　수정주가평균(修正株價平均).

adjustment bond　정리사채(整理社債).
회사정리(會社整理)에 수반하여 기존 채권(旣存債權)과 교환 발행(交換發行)되는 사채(社債)를 말한다.

administrative issue　관리 종목(管理種目).
　◐〔참고〕 surveillance issue　감리 종목(監理種目).

administrator　유산관리인(遺産管理人).

ADR (American Depositary Receipt)　미국 예탁증서.

advance 가격 상승(價格上昇).

advance decline line 등락선(騰落線).
주가(株價)나 채권가격(債券價格)의 그래프 분석선(分析線)에서 일정 수준을 돌파할 경우, 가격변동의 큰 움직임을 나타내주는 선이다.

advance decline ratio 등락비율(騰落比率).

Advance-Decline Theory 총거래주식수 대비 상승 종목과 하락 종목을 구하여 주가의 방향을 판단하는 지표.
산식=상승 종목수 - 하락 종목수/거래량.

advance deposit 증거금.
(주식 등을 구입할 때) 총구입대금의 일정 금액을 반드시 입금하여야 매수주문을 할 수 있는데, 이 때 반드시 입금해야 하는 최소대금이다.

advanced purchasing 선취매(先取買).
주가(株價)나 채권 가격(債券價格)이 오를 것에 대비하여 미리 매입하는 것이다.

advance refunding 전기차환(前期借換).
It is through advance refunding that the national debt is extended as an alternative to the economic disruptions that would result from eliminating the debt all at once. 부채를 한꺼번에 없앰으로써 생겨날 수 있는 경제적 파

국을 막기 위한 하나의 대안으로, 국가의 부채를 연장하는 것은 전기차환 방식을 통해서 가능하다.

advancer 상승 종목(上昇種目 ↔ decliner 하락 종목).
Though the advancers far outnumbered the decliners yesterday, KOSPI did not move up very much. 전일은 상승 종목이 하락 종목에 비해 훨씬 많았지만, 종합주가지수는 그다지 오르지 않았다.

adverse opinion 비적정 의견(非適正意見).
○ 〔참고〕 qualified opinion 한정 의견.

advertising practices 미국 증권업협회(NASD) 공정거래규칙(Rules of Fair Practice) section 1에 따라 일반 고객용 배포 자료는 판촉 문건(market letters, sales literature)이든 채용 공고 자료(recruiting material)이든 허위나 과장 사실이 없이 정확하고 공정하여야 하며, 광고회사 대표의 서명을 거쳐 3년간 보관을 요하고, 향후 NASD의 요구시 제시해야 한다는 광고 게재 원칙이다.

advice and pay 통지불(通知拂).

advisory committee 투자자문위원회(投資諮問委員會).

advisory service 투자자문업(投資諮問業).

AE(Account Executive) 계좌관리자, 증권 브로커(stockbroker).

affiliate 계열사(系列社).
 ○ 〔참고〕 subsidiary 자회사.

affiliated company 관계 회사(關係會社).

affiliated person 특별이해관계인(特別利害關係人).
기업체의 의사결정자, 주요 대주주(principal stockholders) 또는 그 직계가족으로 control person이라고도 한다. 또 이러한 특별이해관계인이 보유한 주식을 control stock이라 한다.

AFTA(ASEAN Free Trade Agreement) 아세안(ASEAN) 가입 국가간의 자유무역협정.

after acquired clause 사후취득자산 자동담보화 조항(事後取得資産 自動擔保化 條項).

after sight 일람불(一覽拂).
30 days after sight 등과 같이 사용한다.

after tax yield 세후수익(稅後收益).

after-effect 후속효과(後續效果), 여파(餘波).
after-effects of the oil price shocks 유가파동의 후속효과.

aftermarket 유통시장(流通市場).
secondary market이라고도 한다.

aftermarket demand 유통시장수요, 시장수요.

Chia Yew Boon, regional research director at Standard Chartered Securities Pte. Ltd. in Singapore, says that if the tender price goes up to 30 to 35 times, "I don't expect the aftermarket demand to be strong." 싱가포르 스탠더드 증권의 지역연구담당 이사인 Chia Yew Boon은 경매 가격이 30 내지 35배 정도이면 "시장수요가 크지 않을 것으로 본다."고 말했다.

afternoon session 후장(後場).
오후에 열리는 주식·채권 등의 거래.
◐ 〔참고〕 morning session 전장(前場).

against all risk (해상보험의) 전 위험담보(全危險擔保).

against the box 현물보유자(現物保有者)가 행하는 공매도(空賣渡).
통상 공매도는 현물을 가지고 있는 투자자가 제3자로부터 현물을 빌려 행하나, 전환사채 등을 보유하고 있는 투자자가 전환청구를 하고 나서 주권(株券)을 입수할 때까지의 기간 동안 공매도를 실시하는 경우가 이에 해당한다.

aged fail 두 broker나 dealer 사이에 계약을 맺었으나 30일이 지나도 이행이 이루어지지 않아 계약이 무효가 되는 경우.

ageing schedule 매각채권(賣却債券)의 경과 기간별 내역표(經過期間別內譯表).

agency obligation(bond, bill) 미국 정부기관채(美國政府機關債).

agent bank 대리(代理), 대행은행(代行銀行).

agent de change 공인중개인(公認仲介人).

aggregate 총(總, total).

aggregate demand 총수요(總需要).

aggregate demand management 총수요 관리(總需要管理).

aggregate market value 총시장 가치(總市場價値).
total market value라고도 한다.

aggregate supply 총공급량(總供給量), 총산출고(總産出高).

aggressive portfolio 적극적 자산운용(積極的資産運用).

agreement among underwriters 인수단계약(引受團契約), 신디케이트(Syndicate) 계약.
증권을 발행할 때 간사회사(幹事會社)가 많을 때에는 수십 개의 회사가 인수단을 구성한다. 이런 인수단을 인수 신디케이트단(引受 Syndicate團)이라 호칭하고, 내부간 인수액(引受額) 등에 대한 조건을 결정하는 계약을 인수단계약이라 한다. syndicate contract(인수단계약) 또는 purchase group agreement(구매단계약)이라고도 한다.

agreement among managers 간사단계약(幹事團 契約).

agribusiness 기업화농업(企業化農業).

AIBD(Association of International Bond Dealers) 국제증권업자협회(國際證券業者協會).

air pocket stock 공기주머니 주식, 악재(나쁜 뉴스)가 나왔을 때 쉽게 가격이 하락하는 주식.
As shareholders rush to sell, and few buyers can be found, the price plunges dramatically like an airplane hitting an air pocket. 주주들은 정신없이 팔려고 하고 구매자들은 보이지 않을 때, 비행기가 공기주머니에 부딪히듯 주가는 급락한다.

AICPA(American Institute of Certified Public Accountants) 미국 공인회계사협회.

airway bill 항공 화물증(航空貨物證).

alias 차명(借名), 가명(假名).
Kim said the tax administration will be able to probe the source of funds which are switched from aliases to real names. 조세당국이 가명에서 실명으로 전환된 자금원을 조사할 수도 있다고 김(대통령)은 밝혔다.

all buyers 매수 일색(買受一色), 사자 일색, 매수주문 쇄도(買受

注文殺到).

◐ 〔참고〕 shortage of selling orders 매물 부족 사태(賣物不足事態).

all or none order 일괄매매주문(一括賣買注文).

all risk insurance 전 위험보험(全危險保險).

all savers certificate 미국의 비과세 저축예금(非課稅貯蓄預金). 현재 폐지된 상태이다.

allied members 증권거래소(證券去來所)의 준회원(準會員). general partner, voting stockholder employee of member corporation 두 가지가 있다.

allocation of stock principle 주식의 수량배분원칙(數量配分原則).

allotment 인수 신디케이트단 내부에서의 신규발행증권(新規發行證券)의 주식수량 할당.

allowance 충당금(充當金).

allowance for bad debt 대손충당금(貸損充當金).

ALM(Asset and Liability Management) 자산·부채 관리.

alteration 수표변조(手票變造), 변경(變更).

alteration of memorandum 정관변경(定款變更).

alternative investment outlet 대체 투자수단(代替投資手段), 투자 대체수단(投資代替手段).
Meanwhile, low interest rates may be diverting some bank deposits away to the most obvious alternative investment outlets in Singapore, namely stocks and properties. 한편 저금리로 인해 은행에 예치해 두었던 자금들이 싱가포르에서는 주식과 부동산 같은 가장 명확한 대체 투자수단으로 빠져 나갈지도 모른다.

alternative order 최고 매수호가 또는 최저 매도호가의 한도(限度)를 설정해 놓은 택일 주문(擇一注文).

alternative pricing 선택형 금리결정방식(選擇型金利決定方式). 기준금리가 LIBOR, Prime Rate, CD 등 복수로 가능하다.

amalgamation 기업합병(企業合倂).

American Arbitration Association(AAA) 미국 중재위원회(美國仲裁委員會).

American Depositary Receipt(ADR) 미국 예탁증서(預託證書).

American Institute of Certified Public Accountants(AICPA) 미국 공인회계사협회.

American Options 미국식 옵션, 아메리칸 옵션.
행사기간 중에는 만기 이전(滿期以前)이라도 권리 행사(權利行使)를 수시로 할 수 있는 옵션이다.
- 〔참고〕 European options 유럽식 옵션, 만기가 되어야 권리를 행사할 수 있는 옵션.

American Stock Exchange(AMEX) 아메리칸 증권거래소.
뉴욕 증권거래소(NYSE)보다 약간 소규모 기업의 주식이 상장된다.

AMEX(American Stock Exchange) 아메리칸 증권거래소.

amortization 할부상환(割賦償還), (회계) 상각(償却).

amortization loan 분할변제형 대부(分割辨濟型貸附).

amortization schedule 분할변제 계획(分割辨濟計劃).

amortize 부채를 상환하다.
Is the mortgage on your fixed assets being amortized? 당신의 고정자산에 대한 대출금에 대해 이자를 갚고 있는 중인가요?

amount 금액(金額), 총액(總額).

amount advanced 대부금액(貸附金額).

amount issued 발행액(發行額).

amount of short selling 대주매각대금(貸株賣却代金).
신용거래에서 고객이 증권회사로부터 대부받은 주식의 매각대금을 말한다.

amount overbought 초과 매수량(超過買受量).

amount oversold 초과 매도량(超過賣渡量).

amount subscribed 응모 금액(應募金額).

analysis 분석(分析), 검토(檢討), 정사(精査).

analysis for credit (credit analysis) 신용 분석·심사(審査).

analysis of financial statement 재무 분석(財務分析).

analysis of market 시황 분석(市況分析), 시장동향 분석(市場動向分析).

analyst 시장동향 분석전문가(市場動向分析專門家), 증권분석사(證券分析士).
Equity Analyst라고도 한다.

and interest· 경과이자 별도표시 거래(經過利子別度表示去來).
경과이자가 매매가격과 별도로 표시되는 매매 형식이다.

announcement day 채권발행 공고일(債券發行公告日).

announcement effect 발표 효과(發表效果).

annual 연차별(年次別), 매년(每年), 연도별(年度別).

annual accounting 연차결산(年次決算), 연도결산(年度決算).

annual income 연수입(年收入).

annual interest 연리(年利), 연이율(年利率).

annual meeting 연차총회, 연차주주총회(年次株主總會).

annual report 연차영업보고서(年次營業報告書), 연차사업보고서(年次事業報告書).

annual yield 연수익률(年受益率).

annualized return 연평균 수익률(年平均受益率).

annuity insurance 연금형 생명보험(年金型生命保險).

annunciator boards 자사의 입장을 밝힐 수 있도록 마련된 거래소 내의 게시판.

antedated check 전일자 소액수표(前日字少額手票).

anticipated acceptance 만기전 인수(滿期前引受).

anti-dilution clause 희박화 방지조항(稀薄化防止條項).

전환사채 등의 투자가가 장래 전환권을 행사하려 할 경우 또는 주주가 될 가능성이 있는 잠재주주(潛在株主)가 실시한다. 이때 잠재주주가 존재하는 상황에서 무상교부(無償交附) 등 기존 주식 수(株式數)를 증가시켜(1주당 가격 감소) 발행회사가 잠재주주에게도 권리를 부여할 것을 약속하는 조항이다.

anti-dumping duty (law)　반덤핑 관세법(關稅法).

anti-trust law　독점금지법(獨占禁止法).

AOM (Australian Options Market)　호주 옵션거래소.

AP (Associate Person)　선물거래 중개인.

APEC (Asia-Pacific Economic Cooperation Forum)　아시아-태평양 경제협력협의회.

application　신청서(申請書).

application money　신청회비(申請會費), 신입비(申入費), 신입 증거금(申入證據金).

application of funds statement　자금운용 현황표(資金運用現況表).

application to list　상장 신청서(上場申請書).

apportionment　비용과 수익의 배분(配分) · 할당(割當).

appraisal 감정(鑑定).

appraisal of assets 자산(資産)의 평가(評價)·감정(鑑定).

appraisal reports (부동산 등의) 감정평가서(鑑定評價書).

appraisal rights (of minority stock holders) 소액주주(少額株主)의 주식매수청구권(株式買受請求權).

appraised value (price) 감정·평가가격(鑑定評價價格).

appreciation 증권의 가격 상승(價格上昇)·가치 상승(價値上昇)·평가절상(平價切上).

appropriation (of income) 이익금 처분(利益金處分).

approved list 투자적격종목 일람표(投資適格種目一覽表).

arbitrage 재정거래(裁定去來).

Arirang bond 아리랑 채권.
외국 기관이나 외국 업체가 한국 원화로 채권을 발행하여 자금을 조달해 갈 때의 채권이다.

arithmetic mean 단순평균(單純平均), 산술평균(算術平均).

arm's length transaction 대등거래(對等去來).

arm-twisted rally 억지부양, 억지부양책에 의한 활황.

주식시장 등이 불황일 경우 정부 등에서 기관투자가에게 강제로 구매를 하도록 하는 것을 의미한다.

arrangement 중개(仲介), 알선(斡旋), 회사정리(會社整理).

arrearage 지연금(遲延金), 누적배당주식(累積配當株式)의 미지불배당금(未支拂配當金).

arrival draft 선하(船荷) 후 일람불(一覽拂) 어음.

ARS(Automated Response System) 전화자동응답장치(電話自動應答裝置).

articles of incorporation (기업) 정관(定款).

artificial market-boosting measures 인위적 장세부양책(人爲的場勢浮揚策).
Although artificial market-boosting measures could do more damage in the near term, the South Korean market clearly offers significant upside potential on a one-year view. 인위적 장세부양책이 단기적으로는 그 폐해가 더 클지라도 1년 정도의 전망으로 본다면 한국의 (주식)시장은 상당한 상승 잠재력을 뚜렷이 보여주고 있다.

ascending tops 가격이 파도를 형성하며 상승세를 나타내는 기술적 분석상의 한 패턴.

Asian Development Bank (ADB) 아시아 개발은행.

asked price 매도호가(賣渡呼價).
offer price라고도 하며, 매수호가는 bid price, buying price라고 한다.

assessed value (課稅上의) 사정가격(査定價格).

assessment 과세사정액(課稅査定額), 추징금(追徵金), 증자(增資) 등의 불입금액(拂入金額).

asset 자산, 재산.

asset and liability management (ALM) 자산·부채 종합관리.

asset backed securities (부동산, 매각대금 등) 자산을 담보로 하여 발행된 증권.

asset growth 자산 증대(資産增大), 자산 증가(資産增加).
Several of America's largest banks are busy increasing their presence in Asia at a time when asset growth in the region's financial institutions is among the highest growth in the world. 아시아 지역에서의 금융기관 자산 증대가 세계 최고를 기록하고 있는 이 때에 몇몇 미국 최대의 은행들이 아시아 지역으로의 진출을 늘리고 있다.

asset management 투자자문(投資諮問), 자산운용(資産運用).

asset swap   자산 스왑. 금리, 통화스왑을 이용한 유가증권투자. 통상의 유가증권투자와는 달리 자금 조달과 유가증권 운용을 함께 꾀하여 일정한 이자 취득을 목표로 한다.

asset out of book   부외자산(簿外資産).

asset value   자산가치.

assignment   양도, 할당, 분담.

assignment for the benefit of creditors   (일부의) 채권자에 대한 자산양도.

assignment in blank   백지양도(白紙讓渡).

assignment of listed securities to a trading section   소속부 지정(所屬部指定).

associated member(am)   준회원.

Association of International Bond Dealers(AIBD)   국제 증권 업자협회.
1992년 1월 1일부터 International Securities Market Association으로 명칭이 변경되었으며, 스위스의 쥐리히에 본부가 있다.

assumption of debt   채무인수(債務引受).

ASX(Australian Stock Exchange) 호주 증권거래소.

ATM(Automated Teller Machine) 현금자동입출금기.
  This ATM ate my credit card. 이 ATM 기가 내 신용카드를 삼켰어요.
  The transaction record spit out of this ATM is not correct. ATM에서 나온 거래내역이 맞지 않아요.

at a discount 할인가격(割引價格)에.

at a premium 할증가격(割增價格)에.

at … days sight (…일 후) 일람불(一覽拂).

at par 액면가격(額面價格)에.

at the close 종가(終價)에, 장(場)의 마감시간에.

at the market 장중가격(場中價格)으로, 시가(時價)에.

at the money 옵션거래에 있어서 시장 가격이 행사 가격과 동일한 상태.

at the opening 시가(始價)에, 장(場)이 열리는 때에.

attachment 동산(動産)에 딸린 부속 첨가물.

auction market 경매시장.

audit (회계) 감사(監査).

auditor 감사(監事).
감사(監査)를 하는 사람을 말한다.

auditor's report 감사보고서(監査報告書).

austerity drive, austerity measures 긴축조치, 경기냉각조치. China's austerity measures could affect Hong Kong adversely. 중국의 긴축조치가 홍콩에 불리한 영향을 끼칠 수도 있다.

Australian Options Market(AOM) 호주 옵션거래소.

Australian Stock Exchange(ASX) 호주 증권거래소.

Austria's Futures and Options Exchange(AFOE) 오스트리아 선물(先物)·옵션거래소.

authentication 권한 승인(權限承認).

authority bond 공사·공단채(公社·公團債).

authorized capital(stock) 수권자본(授權資本).

authorized capital system 수권자본제도.

authorized dealer 정부 공인 딜러.

Primary Market Dealer라고도 한다.

authorized foreign exchange bank 외국환 취급 은행.

Automated Response System(ARS) 자동전화응답장치.

Automated Teller Machine(ATM) 자동현금출납기.

automated transfer service 자동이체(自動移替) 서비스.

availability risk 자금 조달이 곤란하여 겪는 위험.

average 평균.

average balance 평잔(平殘).
평균 잔액 또는 평균 잔고를 말한다.

average collection period (채권) 평균 회수기간.

average life(maturities) 평균 상환기간, 평균 만기기간.

average out 현재의 평가액을 시가에 가깝도록 하기 위해 팔고 빠져 나오는 것.

average paid-in capital 평균 납입자본금.

average rate of dividend 평균 배당률.

average term of maturity 평균 상환연한(平均償還年限).

average yield 평균 수익.

averaging down 현재 보유하고 있는 증권의 가격이 시가(時價)보다 높은 경우에 시장에서의 가격이 하락하는 때를 노려 시장에서 동일한 증권을 매입하여 평균 보유가격을 낮추는 것, 물 타기.

averaging up 보유증권의 평균 매각가격을 조금씩이라도 높여 시장 상승과 함께 매각하여 평균 매각을 높이는 것.

BA (Banker's Acceptance) 은행인수 어음.
국내 수출업체가 신용장 범위 내에서 발행하는 무역어음을 은행이 인수, 보증하여 예금고객에게 시장 실세금리로 매출하는 것을 말한다.

baby bond (액면가가 1000달러 이하인) 소액채권.

back and fill 밀고 당기다. 치고 받다.
주가 등이 특별히 오르거나 내리지도 않으면서 일정한 가격 수준대를 유지하는 것이다.
For the last 2 and 1/2 weeks, the Straits Times Index has been backing and filling between 1350 and 1390. 지난 2주 반 동안 (싱가포르)의 Straits Times 지수는 1350 포인트와 1390 포인트 수준에서 밀고 당기기를 계속해 왔다.

back bond 채권인수권부 사채의 인수권 행사에 의해 발행된 채권.

back dating 어음·증권 등을 현재 이전의 날짜로 발행하는 것.

back dividend 누적배당주식에 대해 소급지불(遡及支拂)하는 배당금.
누적배당주식은 해당기업의 실적이 예상과는 달리 무배당인 경우에도 나중에 회사의 경영실적이 회복된 시점에서 과거에 지불받지 못한 배당금을 받을 수 있는 권리가 있다.

back-door listing 후문상장(後門上場).
비상장회사가 경영이 부진한 상장회사를 인수합병하여 상장기업이 되는 것이다.
Officials have indicated that the State Council's Hong Kong and Macao Affairs Office is considering measures to control the number of back-door listings, the phenomenon whereby a China-funded company already listed in Hong Kong Stock Exchange. 관리들에 따르면 중국 국무원의 홍콩 마카오 업무사무소(業務事務所)는 후문상장을 통제하는 방안을 고려중이다. 그러한 후문상장을 통해 중국계 기업 하나가 이미 홍콩 증시에 상장되었다.

back office 후방 사무부문(後方事務部門), 후송부서.

back pay 미지불임금, 체납임금(滯納賃金).

back tax 미납세금(未納稅金).
As of the end of July, Chinese companies owed the state 12.25 billion yuan($2.14 billion) in back taxes. 7월 말 기준으로 중국 기업들은 122.5억 원(元)의 세금을 국가에 내지 않

고 있다.

back to back L/C 원래의 L/C를 인출하여 발행된 2차 L/C.

back up line 상업어음(commercial paper) 발행 등에 이용되는 여신한도.

backwardation(rate) 비정상적 시장에서 형성된 현물가격과 선물가격차.

bad debts 부실 채권, 불량 채권.

bad debts expense 대손상각비.

bad debts provision 대손충당금(貸損充當金).

bad debts reserve 대손충당금(貸損充當金).

bad delivery (受渡 등의) 불완전이행(不完全履行).

bad loan 부실 대출, 불량 대출.

Bahrain Inter-bank Offered Rate(BIBOR) 바레인 은행 간의 금리.

bailout (정부 지원에 의한) 긴급구제기금.
Daewoo Australia anticipates an increase in new models in the wake of near-death experiences of its parent company, saved from bankruptcy this week in South

Korea's biggest bailout. 대우의 호주 현지법인은 본사의 거의 죽음에 가까운 경험에도 불구하고 신규 모델(자동차 판매가)이 늘어날 것으로 기대하고 있다. 대우 본사가 이번 주에 부도상태에서 한국 최대의 긴급구제기금에 의해 살아날 것이기 때문이다.

balance 잔고(殘高), 평균.

balance due 부족액(不足額).

balance of account 계좌 잔고.

balance of international payments 국제수지(國際收支).

balance sheet 대차대조표(貸借對照表).
The balance sheet is like a snapshot of the company's financial condition at a specific moment in time. 대차대조표란 기업체의 재무상태를 어느 특정 순간에 때맞춰 찍은 사진과 같다.

balance sheet analysis 대차대조표 분석.

balanced mutual fund 밸런스형 투자신탁.
복수 상품의 조합으로 구성된 펀드이다.

balloon payment 만기상환(변제)액이 당초 원금보다 많은 형식의 대출, 채권. 배꼽이 배보다 커진 상환.

Banking Structure in Korea

The Bank of Korea
(한국 은행)

Commercial Banks
(일반 상업은행)

- Nation-wide Commercial Banks(전국 규모 은행)
- The Hanvit Bank
  (한빛은행)
- Cho Hung Bank(CHB)
  (조흥은행)
- Korea First Bank
  (제일은행)
- Shinhan Bank
  (신한은행)
- KorAm Bank
  (한미은행)
- Korea Exchange Bank
  (KEB, 한국외환은행)
- The Kookmin Bank
  (국민은행)
- Peace Bank of Korea
  (평화은행)
- Hana Bank(하나은행)
- Local Banks(지방 은행)
- Foreign Banks in Korea(외국은행)

Specialized Banks
(특수 은행)

- The Korea Development Bank
  (KDB, 산업은행)
- Industrial Bank of Korea
  (IBK, 기업은행)
- National Agricultural Cooperative Federation(NACF, 농협중앙회)
- National Federation of Fisheries Cooperatives(수협중앙회)
- National Livestock Cooperatives Federation(축협중앙회)
- The Export-Import Bank of Korea(KEXIM, 한국수출입은행)

자료 : Foreign Bankers in Korea

Baltic Futures Exchange(BFE) 발틱 선물거래소.

bank accommodation 은행대출.

bank account 은행계좌.

bank bill(note) 은행발행 어음, 은행권 등.

bankbook 은행통장(예금통장).
passbook이라고도 한다.

bank (casher's) check 은행수표.

bank clearing 어음교환결제.

bank credit 은행대출.

bank dealer 딜링 업무를 하는 은행 또는 은행의 딜링룸 소속 딜러.

bank examination(examiner) 은행 검사(검사관).

Bank for International Settlement(BIS) 국제결제은행.

bank holding company (미국의) 은행지주(持株) 회사.

bank line 은행여신한도(銀行與信限度).

bank loan 은행대출(銀行貸出).

bank mortgage 은행담보.
　The recent tightening of bank mortgages is also expected to have only marginal impact on property prices, just as it has had little effect in the past. 최근 은행담보를 통제한다고 해도 부동산 가격은 과거에도 거의 영향이 없었듯이 아주 경미한 영향밖에는 받지 않을 것이다.

bank overdraft 당좌대월(當座貸越).

bank rate policy 금리정책.

bank reference 신용조회에 사용되는 거래은행.

bank stock 은행주.
　Unfortunately, most of the big names are at their foreign-holding limits. Bank stocks have more buying room. 불행하게도 대부분의 대형 종목들은 외국인 소유한도가 거의 찼다. 은행주만 약간 매입 여유가 있는 편이다.

Banker's Acceptance(BA) 은행인수 어음.

banking structure 은행 조직도, 은행 구조, 은행 현황.

bankruptcy 파산, 도산, 부도(不渡).

bankruptcy in black 흑자도산(黑字倒産).
　회사가 흑자를 낼 정도로 운영이 잘되고 있음에도 불구하고, 자금 흐름(cash flow)상의 문제로 도산하는 경우를 지칭하며, technical event of default, technical bankruptcy라고도 한다.

bar chart 가격 변동을 봉(棒)의 형태로 나타낸 도표.

bargain 거래, 계약, 가격이나 품질이 낮은 상품.

bargain counter 본래의 가격을 하회(下回)하여 매각하는 증권.

bargain stock 값이 헐값으로 떨어진 주식.

barometer securities 지표 종목(指標種目).

barter 물물교환.

base period (통계 등에 있어서) 지수의 기준이 되는 기간.

base rate 기준금리, 기준대출 금리.

basic balance 기초수지.

basic rate 기준율.

basis point(price) 1%의 1/100.
금리를 나타내는 단위로 사용되는 기준가격.
◐ 〔참고〕 1%의 1/100을 금리에서는 basis, 주식에서는 tick, 외환거래에서는 pip로 호칭한다.

basis point value(bpv) 채권수익률상의 1 basis point 변동에 따른 채권가치 변동분.

BB ① bill bought 매입 외국환 ② brokers' broker 브로커들 간의 중간 브로커.

bear 약세(弱勢).

bear market 약세장, 하락장세(下落場勢).

bear raid 증시붕락(證市崩落).
장세가 약세로 전환될 것이 예상되어 한꺼번에 매물(賣物)이 나와 가격이 큰 폭으로 하락하는 것이다.

bear spread 가격이 하락하면 이득을 얻을 수 있는 put option 과 call option의 조합.

bearer 무기명(無記名), 소지인(所持人)의.

bearer depositary receipt(BDR) 무기명 예탁증서.

bearer form 무기명(無記名), 소지인(所持人)의.

bearer security(bond, stock) 무기명 증권, 소지인 지불증권(채권, 주식).

BELFOX(Belgian Futures & Options Exchange) 벨기에 선물(先物)·옵션거래소.

Belgian Futures & Options Exchange(BELFOX) 벨기에 선물(先物)·옵션거래소.

bellweather(bond, stock) 지표(指標) 종목, 선도 종목(先導種目). In stock, IBM has long been considered a bellweather because so much of its stock is owned by institutional investors. 주식시장에서 IBM 주식은 기관투자가들이 대량 보유하고 있어서 지표종목으로 간주되어 있다.

below par 액면 이하(額面以下)인.

below the line 경상손익에 대한 특별손익.

benchmark 기준 종목.

beneficial (interest) **owner** 실질소유자, 수익권자(受益權者).

beneficial ownership 수익권.

beneficiary 수취인(受取人), 수익자(受益者).

beneficiary certificate 수익증권(受益證券).

best effort 증권사가 팔 수 있는 한도(매도한도)까지 증권발행을 하는 형식.
흔히 영어 그대로 best efforts deal이라고 칭한다.
For the most part, the best efforts deals we occasionally see today are handled by firms specializing in the more

speculative of new and unseasoned companies. 대부분 오늘날 우리가 보게 되는 best efforts는 주로 신규 주식 발행기업의 투기성 높은 주식을 전문으로 하는 기업들이 많이 한다.

beta(value) 시장 전체 종목의 움직임에 대비한 개별 종목의 민감도(敏感度).

BFE(Baltic Futures Exchange) 발틱 선물거래소.

BIAC(Business and Industry Advisory Committee) 산업경제자문위원회.

bias 기조, 추세.
The Fed Open Market committee noted last week's surge in inflation. It decided not to raise rates immediately but put markets on notice that it would adopt a tightening bias. 미연방준비제도이사회(FRB) 산하의 공개시장위원회는 지난주의 인플레이션 상승에 대해 언급했다. 즉시 금리인상을 하지는 않겠지만 긴축기조를 취할 것임을 밝혀 시장에 주의를 환기시켜 주었다.

bid 매수가격, 입찰(入札).

bid and asked(bid and offer) 매수호가와 매도호가.

bid bond 보증장(保證狀).

bid price 매수호가(買受呼價), 입찰 가격(入札價格).

bid wanted 입찰 모집(入札募集).

bidding up 경매(競買)에 의한 가격 상승.

big bang (영국의) 금융시장개혁.

big board 뉴욕증권거래소(New York Stock Exchange)의 속칭.

big capitalization company 대기업(大企業).
big‑cap company라고도 한다.
○ 〔참고〕 small-and medium-capitalization company, small and medium enterprises 중소기업.

big capitalization stock 대형주(大型株).
big‑cap stock이라고도 한다.
○ 〔참고〕 small-and medium-capitalization stock 중소형주.

big figure 세계의 외환환율을 나타내 주는 정수(整數) 수치.

bilateralization 양국(兩國) 간 무역협정 등의 교섭을 하는 것.

bill 어음, 단기 정부증권.

bill accepted 인수어음.

bill bought(BB) 매입(외국)환어음.

bill broker 어음중개인.

bill discounted 할인어음.

bill dishonored 부도어음.

bill of documentary collection 추심(推尋)어음.

bill of exchange 환(換)어음.

bill of lading 선하증권(船荷證券).

bill of sales 매매계약서(賣買契約書).

bill payable 지급어음, 지불어음

bill receivable 수취(受取) 어음, 받을 어음.

bill to bearer 소지인 지불어음.

bill to order 지도식(指導式) 어음.

BIS(Bank for International Settlement) 국제결제은행.

Black Monday 블랙먼데이, 암흑의 월요일.
1987년 10월 19일 주식의 세계적 대폭락을 의미한다.

Black Friday 암흑의 금요일.
1869년 9월 24일 금융시장 대폭락으로, 경기침체에 따른 금매각으로 시작되었다.

Black Thursday 암흑의 목요일.
1929년 10월 24일 세계 대공황의 시작을 나타내는 목요일을 의미한다.

blank endorsement 백지이서(白紙裏書).

blanket 포괄적인 담보설정방식.
예를 들어 재단저당이 이에 해당한다.

blanket capital increase system 포괄증자제도(包括增資制度).
1976년에 도입되었다.

blanket (fidelity) **bond** 포괄담보부 채권.

blanket mortgage 포괄담보.

blind pool 특정인에게 구좌를 일임해 공동투자를 하는 형태.

block 대량거래물량.
미국에서는 보통 10,000주 이상의 물량을 대량거래물량(block)으로 간주하는데, large block이라고도 한다.
A record 981,077 large blocks of 10,000 shares or more, accounting for 22.5 billion shares, were traded in 1991, compared to 843,365 blocks and 19.7 billion shares in

1990. 1991년에는 1만 주 이상의 대량매매가 기록적인 981,077
건이나 되어 225억 주가 거래되었다. 1990년의 843,365건,
197억 주와 비교가 된다.

block activity 대량매매 활동, 대량매매 행위.
Block activity reached its peak in February when 92,140
blocks, accounting for 2.1 billion shares were traded. 2
월에 92,140건, 21억 주의 거래가 이루어져 대량매매 활동은
최고치를 기록했다.

block offer 시가(時價)에 관계없이 일정 계좌를 일정 기간, 특정
가격에 판매하는 매출 방식.

block positioner 특정 주식이나 채권에 대해 큰 물량으로써 매
수 또는 매도 포지션을 취할 용의가 있는 증권 딜러.

block trade(trading) 대량매매.

block transaction 대량매매, 대량거래, 10,000주 이상의 물량
으로 이루어지는 증권거래.

blotting book(blotter) 거래 일계표.

blow out 순간 증발(瞬間蒸發).
발행과 동시에 완매(完賣)하는 것을 말한다.

blue chip 우량종목.

blue-chip shares 우량종목, 우량주.
Analysts and fund managers anticipate strong demand for the blue-chip shares, but some say they will give the offering a miss. 분석가들과 펀드 운용자들은 우량주에 대해 수요가 무척 클 것으로 예상하고 있다. 그러나 일부 사람들은 그것(주식들)을 공개한 것은 실수라고 말한다.

blue sky laws 미국의 주(州) 증권거래법.
State Securities Law라고도 한다. 신규주식 발행이나 뮤추얼 펀드를 신규발매시 발행내역을 등록하고, 발행내역을 투자가들에게 공개하여 투자가들이 판단 자료로 이용할 수 있도록 규정하고 있다.

bluest blue chip 우량종목 중의 우량주, 최고의 우량주.
Telecom stocks are Asia's the bluest blue chip. 통신주야말로 아시아에서는 최고의 우량주이다.

board lot 매매단위, 단위주(單位株).

board of directors 이사회.

(The) Board of Audit & Inspection 감사원.

Board of Governors of the Federal Reserve System 연방준비제도이사회.

board resolutions 이사회 결의(서).

board room　임원실(任員室), 입회장(立會場).

bogus dividend　가배당(假配當).

boiler room　위험이 큰 주식을 전화 세일즈 등으로 집중적으로 매도하기 위한 세일즈맨의 집합 장소.
Most troublesome is the movement from firm to firm of salesmen who have records of employment by firms against which the Commission or the NASD has taken disciplinary action for fraud in the sale of securities. Because of the short lives of many boiler room, these veteran salesmen drift from firm to firm. 가장 골치아픈 것은 증권거래위원회나 NASD로부터 주식매매 관련 사기혐의로 징계를 당한 회사에서 근무했던 영업사원들이 자주 직장을 옮긴다는 것이다. 어차피 이런 많은 boiler room은 단명하기 때문에 노련한 영업사원들은 이 직장에서 저 직장으로 떠돌아다니는 것이다.

boilerplate　사업설명서나 계약서 등에 사용된 마무리 문구(文句).

bonanza　횡재.

bond　채권(債券).

bond certificate　사채권(社債券), 본권(本券).

bond collateral loans 공사채 담보금융(公社債擔保金融).

bond discount 채권할인액(債券割引額).

bond (equivalent) **yield** 채권수익률.

bond immunization 채권면역전략.

bond issuing market 사채발행시 사용되는 신탁증서.

bond market 채권시장, 사채시장(社債市場).

bond management fund(BMF) 채권운용기금.

bond premium 채권할증액(債券割增額).

bond rating 사채등급심사(평가).

bond register 사채명부, 사채원장.

bond sinking fund (사채의) 감채기금.

bond to order 기명사채(記名社債)
 registered bond라고도 한다.

bond trader 채권중개인.

bond transaction with repurchase agreements 환매조건부 채권.

bond with (debt, equity) **warrant** 워런트부 채권(채권인수권부 채권, 신주인수권부 채권).

bonded improvement trade 보세가공무역.

bonded warehouse 보세창고(保稅倉庫).

bondholder 사채권자(社債權者), 채권 소유주(債券所有主), 채권 소지자(債券所持者).

bonus issue 무상증자.
　◯ 〔참고〕 rights issue, rights offering 유상증자.

bonus stock 특별배당주식.

book entry 계좌 간 대체(計座間代替), 계좌 간 이체(計座間移替).
　한 투자자로부터 다른 투자자로의 어떤 수량의 증권이동이 단순히 집중예탁기관의 장부상의 차변 또는 대변의 기입만으로 이루어지는 것이다.

book entry securities 등록사채(登錄社債).

book's close 명의개서 정지(名義改書 停止).

book's open 명의개서 재개(再開).

book value 장부가(帳簿價).

boom 호경기, 활황(活況).

borrowed stock 빌린 주식, 대주(貸株).
신용대주제도에 따라 증권사로부터 빌린 주식을 말한다.

borrowing power of securities 위탁증거금으로 살 수 있는 범위.

bottom 바닥.

bottom (has) **dropped out** 바닥을 치다, 바닥을 벗어나다

bottom out 바닥을 치다, 바닥을 벗어나다.

bought deal 매입인수(買入引受).
주간사가 합의한 조건으로 발행증권 전부를 인수하는 것을 의미한다.
Most issues in recent years have been bought deals. Typically, the syndicate puts up a portion of its own capital and borrows the rest from commercial banks. Then, perhaps through a selling group, the syndicate resells the issue to the public at slightly more than the purchase price. 최근 대부분의 신규발행 물량은 bought deal 방식이다. 인수단이 자기 자금을 대고, 모자라면 은행 자금을 동원한다. 그러고는 판매그룹을 통하여 인수단은 일반인들에게 구입가격보다 조금 비싸게 판매를 한다.

bounce 어음·수표 등의 부도로 인한 반환.

bounce back 반등(反騰)하다.
어느 정도의 (가격 등이) 하락 후 다시 오르는 것을 말한다.
After the wage increases of 1989 and the deterioration in the business environment, foreign direct investment experienced negative growth during 1990, but bounced back in 1991 to reach U.S. $1.4 billion. 1989년의 임금인상과 경영환경 악화로 외국인 직접투자(FDI)는 1990년에는 감소 추세를 보였으나, 1991년에는 다시 반등하여 14억 달러에 달하게 되었다.

bourse (특히 파리의) 증권시장, 증권거래소.

bourse collapse 주가 대폭락, 증시붕락(證市崩落).

boutique 특정 분야의 업무만 소수의 인원이 모여서 전문으로 하는 증권회사, 부티크.
Nick Cournoyer has set up his own boutique, LDC Finance Ltd., which will open for business on Oct. 1. 닉 쿠르노이어는 10월 1일 영업을 시작할 LDC 전문 증권회사를 차렸다.

bouyant 주가의 급상승.

box 주가가 일정 범위 내에서 머무르는 상태.

bracket creep 누진과세(累進課稅)에서 세금 등이 요율(料率) 단계 별로 바뀌는 것.

branch 지점(支店).

branch license 지점 설치의 인가.
Seoul gave no assurance on what foreign securities houses will be allowed branch licenses. 한국 정부당국은 어느 외국 증권사가 지점 인가(支店認可)를 받을 것인지 확실히 밝히지 않았다.

branch manager 지점장(支店長).

breach of contract 계약 위반.

break above 추세선을 돌파하여 상승하다.
Since then the KOSPI staged its best rally of the year by gaining 20% over the course of one week. In so doing, the market has broken above a seven-month downtrending channel. 그 날 이후 종합주가지수는 일주일 만에 20% 상승하여 연중 최고의 활황장세를 나타냈다. 그리하여 7개월 동안이나 내리기만 하던 추세를 돌파하여 상승세를 나타냈다.

break-even analysis 손익분기점(損益分岐點) 분석.

break-even point 손익분기점.

break out 종래의 추세선을 돌파하다.

break the syndicate 신디케이트(인수단)의 구성내역을 공개하다.
'신디케이션을 깨뜨리다'로 번역하지 않도록 유의해야 한다.
Syndicate members agree, for a specified period after launch, not to sell bonds at less than a fixed re-offer price. That period may be a fixed period of, say, 24 hours after launch or until the lead manager break the syndicate. 인수단은 일정 기간 동안 발행채권을 지정 판매가격 이하로는 매각하지 않기로 결의할 수도 있다. 그 일정 기간은 예를 들어 예비모집 개시 후 24시간이거나 인수단의 구성내역을 밝힐 때까지의 일정한 기간인 것이다.

break through 저항선이나 저지선과 같은 추세선을 돌파하다.
The market broke through strong resistance at 800 and made a high for the year as well as a 15 months high. 장세는 800 포인트대에 형성되어 있는 강한 저항선을 돌파하여 연중 최고가(最高價)이며 15개월만의 최고가를 기록했다.

break up value 청산가격(淸算價格), 해산가격(解散價格).

Bretton Woods Agreement of 1944 브레튼우즈 협정.

bridge financing 브리지 파이낸싱. 자금의 시차를 맞추어 주는 교량식 금융, 임시변통식 융자.

bring out 공개하다.

broad market (상당한 거래량을 수반하는) 큰 장(場).
　○ 〔참고〕 big rally 대세장, 큰 장.

broad tape 딜링 룸(Dealing Room) 등에서 사용하는 시세를 나타내는 정보 테이프.

broke 파산 상태, (수중에) 돈이 한푼도 없는.

broker 중개업자, 매매 중개인.

broker's broker(BB) 업자 간의 거래를 연결시켜 주는 전문 중개인.

brokers' (collateral) **loan** 중개인에 대한 증권담보금융(證券擔保金融).

broker's market 투자가가 없는 상황에서 중개인들에 의해 형성되는 투기장세(投機場勢).

broker's ticket 중개인이 고객의 주문을 거래소에 연결시킬 때에 사용하는 match 용지.

brokerage(commission) 거래수수료(중개수수료).

Brussels Stock Exchange(BSE) 브뤼셀 증권거래소.

B/S(balance sheet) 대차대조표(貸借對照表).

BSE(Brussels Stock Exchange) 브뤼셀 증권거래소.

B share B 주식.
중국 증권당국이 외국인 투자용으로 허용한 중국기업의 주식으로, 중국어로는 B 股(gu)라고 한다.

bubble 거품.
과잉 투기로 인하여 실제가치 이상으로 형성되는 잉여 부분(剩餘部分)을 말한다.

buck the trend 대세(大勢)를 거스르다, 역발상(逆發想) 투자를 하다, 세간의 대부분 예상과는 반대로 투자 행동을 하다.
Bucking the trend of Japanese investment in the region, commitments by US companies to Asia grew by 37%. 일본인들의 투자양상과는 정반대로 미국계 기업들의 아시아 지역에 대한 투자는 37%가 증대되었다.

bucket(shop) 무허가 중개소(無許可仲介所).
고객의 위탁주문을 증권거래소로 연결시키는 것이 아니라, 자신의 계정으로 위험부담을 감수하면서 거래의 상대가 되어 이익을 중간에서 챙기는 업자를 말한다. (일종의) 계주(契主) 또는 증권회사 객장에서 유사한 행위를 벌이는 자(者)이다.

budget 예산.

building society(and loan association) 영국의 주택대출전문 금융회사.

built-in stabilizer 자동안정화장치(自動安定化裝置).

bulge 짧은 기간의 등귀(騰貴), 단기반등(短期反騰).

bull 강세(強勢). ↔ bear.

bull market 강세장(強勢場).

bull run 연속 초강세(超強勢).
초강세 장세가 며칠간 계속되는 현상을 일컫는다.
The day was to mark the beginning of a new bull run on the Korea Stock Exchange, too, as the government had designated it as the only tax-free heaven for this money. 그 날은 또한 한국 증시에 연속 초강세의 시작을 알리는 날이기도 했다. 정부가 한국 증권거래소를 이러한 (음성) 자금이 유일하게 세금을 면제받을 수 있는 도피처로 지정했기 때문이다.
○ 〔참고〕 run-up in the stock prices 주가의 연속 초강세.

bull spread 가격이 오르면 이익을 얻게 되는 call, put을 조합한 옵션거래.
이와는 반대로 구성된 옵션을 bear spread라고 한다.

bulldog bond 불독채.

영국 런던 금융시장에서 발행되는 파운드 표시의 외채를 말한다.

bullet(payment) 만기 일시상환(또는 그러한 유가증권이나 대출).

bunching 증권거래 상황에 맞추기 위해 주식 숫자를 합하여 (주문)처리하는 것.
표시하는 띠지에 매매 현황이 계속 나타나는 경우이다.

business analysis 경영 분석.

business administration 경영학.

Business and Industry Advisory Committee(BIAC) 경제산업자문위원회.

business barometer 경기지표(景氣指標).

business circle 재계(財界).

business concern 기업(企業).

business cycle 경기순환(景氣循環).

business day (은행, 증권사 등의) 실제 영업일.

business forecast 경기예측(景氣豫測).

business indicator 경기지표(景氣指標).

business outlook 경기전망(景氣展望).

Business Registration Certificate 사업자등록증.

butterfly spread 장세가 급격히 움직이지 않는 경우, 이익이 더 커지게 되는 옵션을 조합한 거래.

Buttonwood Agreement 1792년 5월 17일 24명의 브로커와 상인들이 모여 회원 자격 및 자율 규정을 정하고 오늘날 뉴욕증권거래소(NYSE)의 모체를 세우기로 한 합의 또는 그 문서. 단풍나무(buttonwood) 아래서 회의를 한 데서 명칭이 유래되었다.
May 17, 1792······. Twenty four brokers subscribed to original broker's agreement, forming first organized stock market in New York. They met under a buttonwood tree at what is now 68 Wall Street. 1792년 5월 17일 24명의 브로커가 모여 증권거래인 협약을 맺음에 따라 뉴욕 최초의 증권시장을 세웠다. 오늘날 월 스트리트 68번지에 있는 단풍나무 아래서 그들은 모였다.

buy and hold strategy (유가증권을) 매수(買受)하여 장기보유하는 증권투자 기법.

buy and write strategy 증권 구입과 동시에 콜 옵션(call option)을 팔아 이익을 올리는 투자 기법.

buy at the market 시장가격매입.

buy back 재매입(再買入).

buy in 거래 상대방이 수도불능(受渡不能) 상태일 때, 동일 증권을 제3자가 매입해 당초 가격과의 차액을 청구하는 행위.

buyer's market 매입자 중심의 시장.

buy on close 장(場) 마감 동시호가(同時呼價) 무렵에 매입하는 것, 종가매수.

buy on opening 장(場) 시작 동시호가(同時呼價) 무렵에 매입하는 것, 오전 동시호가 매수.

buy on scale 분할매수(分割買受).

buy out 매수, 회사의 경영권 취득(取得).

buy stop order 상한가격을 정해 놓고 하는 매수주문.

buy support 매입 지지(買入支持). 특정 종목의 주가가 계속 하락하는 것을 막거나 기타 다른 목적상 해당 주식을 사들여 주가 하락을 저지.

buy the book 시장에 매물로 나와 있는 주식을 몽땅 사버리는 것. 주로 대형 기관투자들이 취하는 매입형태이다.

buying a bull 공매수(空買受).

buying hedging 매입 헤징.

buying on margin 신용매입(信用買入), 신용매수(信用買受).

buying operation under repurchase agreement 매도조건부로 매입하는 거래.

buying order 사자 주문, 매수주문(買受注文).

buying rate(of exchange) 외환거래의 사자(매수) 가격 또는 시세(時勢).

buying room 매입 여유.
Unfortunately, most of the big names are at their foreign-holding limits. Bank stocks have more buying room. 불행하게도 대부분의 대형 종목들은 외국인 소유한도가 거의 찼다. 은행주만 다소 매입 여유가 있는 편이다.

buying spree 사재기.

BW(Bond with Warrants) 신주인수권부 채권.
채권 발행시 주식 등을 향후 특정 가격에 인수할 수 있는 권리가 첨부된 채권을 말한다.

bylaws 부칙(附則).

C

cabinet security(crowd) 거래량이 빈약한 종목(을 전문적으로 취급하는 업자).

cable 전신(電信).

cable charge 전신수수료.

cable order 전신에 의한 송금 등의 지시.

cable transfer 전신송금(電信送金).

call 요구, 〔주금(株金), 사채 등의〕 청구, 납입 청구, 불입 청구(拂入請求).
I have many calls on my time(income). 시간(수입)을 빼앗기는 일이 많다.
◐ 〔참고〕 30 days after call 청구 후 30일 불, cash call 현금수요.

call by sinking fund 감채기금(減債基金)에 의한 정시상환(定時償還).

call loan 은행 간의 단기자금 대출(短期資金貸出).

call market 콜 시장.

call money 은행 간의 단기자금 방출(放出).

call option 임의상환(任意償還), (유가증권 등을) 언제라도 살 수 있는 권리.

call premium 임의상환(任意償還).

call price 사채의 만기 전 상환가격(償還價格).

call protection 임의상환이 시작되기 전까지의 거치기간(据置期間), 임의상환 금지기간.
Corporate and municipal issuers generally provide 10 years of call protection. Investors who plan to live off the income from a bond should be sure they have call protection, without it the bond could be called away at any time specified in the indenture. 기업체나 정부 발행 채권은 10년 간의 임의상환 금지규정이 있다. 채권이자로 생활하고자 하는 투자가들은 임의상환 금지규정을 확인해야 한다. 임의상환 금지규정이 없을 경우, 채권은 중도에 언제라도 임의상환이 되어 버리는 수가 있다.

call provision 임의상환조항(任意償還條項).

call rate 은행 간의 단기자금대출 또는 방출이자.

call report FRB에 제출한 연방준비제도 가맹은행의 보고서.

call spread 한월(限月)이 서로 다른 옵션을 사용한 거래.

callability 중도상환 가능성(中途償還可能性).

callable 중도상환이 가능한.

callable bond 중도상환 가능 채권, 수의상환사채(隨意償還社債).

callable risk 중도상환 위험(中途償還危險).

canceled 소인(消印)이 찍힌, 취소된, 소각(消却) 또는 소멸(消滅)된.

canceled check 지불정지(支拂停止) 또는 취소(取消)된 수표나 어음, 소인(消印)이 찍힌 수표.
You can use canceled checks as proof of payment. 지불 증거로 소인이 찍힌 수표를 제시해도 된다.

cap 상한금리(上限金利) 또는 상한가격(上限價格), 자본금, 시가 총액, 자본주.
Recent figures from the International Swap Dealers Association show that caps, collars, floors and swap options volume among ISDA members was U$ 557 bn. ISDA에서 밝힌 최근 caps, collars, floors 및 swap options의 거래량은 5천 5백 7십 억 달러 상당인 것으로 밝혀

졌다.

○ 〔참고〕 large cap stock 대형주, small cap stock 소형주.

capital account 자본계정(資本計定), 자본수지(資本收支).
On the capital account, China's economic boom is expected to pull more Taiwanese capital into the mainland. 자본수지 측면에서 보면 중국의 경제 활황으로 대만 자금이 본토로 더 몰려갈 것이다.

capital appreciation 가치 상승(가격 상승)으로 인한 이익.

capital asset pricing model 자본자산 가격결정 모델.
자본 투하에 대한 위험과 수익을 평가·계획하는 모델이다.

capital assets 자본재(資本財).

capital cost 자본의 조달. 유지에 필요한 배당을 포함한 종합비용.

capital expenditure 설비투자(設備投資).

capital export 자본수출(資本輸出).

capital flight 자금이탈(資金離脫).
Although officials have taken steps to plug more possible sources of funds leakage, some amount of capital flight is probably inevitable. 비록 당국자들은 가능한 자금유출의 통로를 봉쇄했지만 일부 자금이탈은 어쩔 수 없을 것으로 보인다.

capital formation　자본 형성(資本形成).

capital gain　자본이득(資本利得), 시세차익(時勢差益)·가격 상승으로 인한 이익.

capital gains tax(=tax on capital gains)　자본이득과세(資本利得課稅).

capital goods sector　자본재 부문(資本財部門), 자본소요가 많은 설비투자 부문.
More aggressive accumulation may be warranted towards second-quarter, 1993, especially on export-oriented capital goods sector.　1993년 2/4분기까지는 특히 수출 위주의 자본재 부문의 집중적인 매집이 있을 것이 확실하다.

capital hemorrhage　자금이탈(資金離脫).
○ 〔참고〕 capital flight　자금이탈.

capital inflow　자금유입.
There were reports in the press this week that the government of Korea is beginning to discourage foreign investment in Korean banks. This seems to be part of the government's overall effort to reduce upward pressure on the won by discouraging capital inflows.　한국 정부가 외국인들의 은행투자 열기를 떨어뜨리려 한다는 보도가 이번 주에 나왔다. 자금유입을 늦춰 원화의 평가절상을 막으

려는 정부의 노력의 일환인 것이다.

capital investment 자본투자, (기간산업, 사회간접자본 등) 자본 소요 규모가 상당히 큰 투자.
The committee will seek ways to boost capital investment and support overseas marketing to help South Korean products regain quality and price competitiveness. 그 위원회는 자본투자를 늘리고 해외에서 한국 상품의 가격과 품질 경쟁력을 회복하도록 하기 위해 해외 판촉을 지원할 것이다.

capital lease 리스 형태를 이용한 장기금융거래(長期金融去來).

capital liberalization 자본 자유화(資本自由化).

capital loss 가격 하락으로 인한 손실.

capital market 자본시장(資本市場).
자금시장(currency market)의 일부로서, 1년 이상의 중장기 자

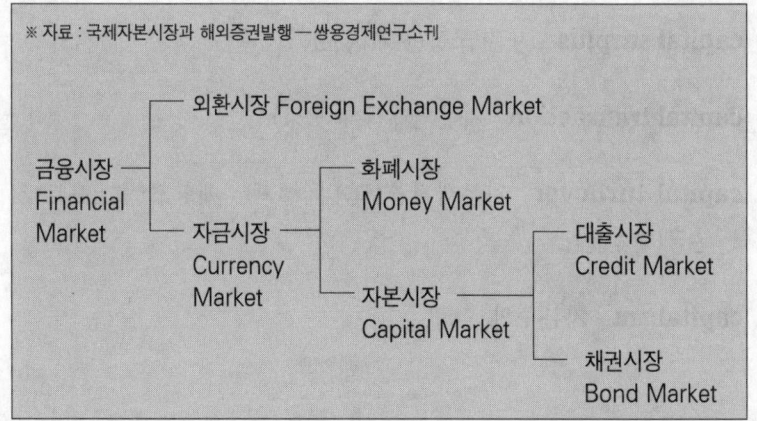

※ 자료 : 국제자본시장과 해외증권발행 — 쌍용경제연구소刊

금이 거래되는 시장이라는 점에서 만기 1년 이하의 단기자금이 거래되는 단기 금융시장과는 차이가 있다.

(the) Capital Market Promotion Act of Korea(CMPA) 자본시장 육성법.

capital note 미국 등에서 발행되는 자금 조달을 위한 열후(劣後)한 사채의 일종.

capital ratio 자본비율(資本比率).
Japanese banks have now begun issuing perpetual subordinate debt in a bid to boost their flagging capital ratios. 일본계 은행들은 열악해지는 자본비율을 높이기 위해 후순위(後順位) 영구채(永久債)를 발행하기 시작했다.

capital reserve 자본준비금(資本準備金).

capital structure 자본금(資本金), 자본(資本).

capital surplus 자본 구성(資本構成).

capital transaction 자본거래(資本去來).

capital turnover 자본회전율(資本回轉率), 매상고(賣上高), 자본금(資本金).

capitalism 자본주의.

capitalization 자본 구성(資本構成).
  ○ 〔참고〕 big capitalization stock 대형주(大型株), big capitalization company 대기업(大企業).

capitalization rate 투자효율을 계산할 때 이용하는 할인율. 위험의 다소(多少)에 따라 변동한다.

capitalization ratio 자본비율(자본금과 차입금의 비율).

capitalized cost 여러 회계년도에 걸쳐 이연(移延)된 비용.

capped price 상한선(가격).

captive finance company 제조업체 등에 딸린 금융 자회사(子會社).
  통상 모회사의 명칭에 뒤따른다. 예를 들어 General Motors 산하의 General Motors Acceptance Corporation은 자동차 구입자금 대출전문 금융자회사이다.

care of securities 증권의 보관.

carry back(carry forward) 세액(稅額) 계산시 손실을 다음 기(期)로 이연시켜 과거로부터 소급(遡及)해 세금 정산을 하는 것.

carry income 증권보유기간 중 조달운용(調達運用) 차익(差益).

carry loss charge 증권보유기간 중 조달운용(調達運用) 차손(差損).

carrying broker 고객의 계좌를 보관하고 있는 브로커.

carrying cost 재고유지비용, 증권보유기간 중의 금리 지불 비용.

cartel 가격조작(價格操作) 등을 목적으로 담합을 하는 기업들의 집단 행위.

cash 현금, 현물.

cash account 현금계좌.

cash balance 현금잔고(現金殘高), 잔금(殘金).

cash basis 현금주의(現金主義).
Under cash basis accounting, revenue is recorded only when the cash is received, and an expense is recorded only when cash is paid. 현금주의 회계하에서 수익은 현금을 받을 때에만, 비용은 현금이 나갈 때에만 기록된다.

cash call 자금수요(資金需要), 현금수요(現金需要).
Concerns over increased cash calls are rising in the OTC market, particularly due to the establishment of a new Labor Bank which would require an estimated ₩700 bn in total. 장외시장에서의 자금수요가 급증하고 있다. 특히 신설되는 노동은행에 총 7000억 원 규모의 자금수요로 인해 더욱 더 그러한 현상이 벌어지고 있다.

cash cow 주요 소득원(主要 所得源), 돈벌이가 매우 잘 되는 업체, (속칭) 효자 노릇을 하는 기업.
Two years later, he founded Kwangju Express, a bus company that today is the group's cash cow. 2년이 지나고 난 뒤 그는 요즘 그룹의 효자 노릇을 톡톡히 해 내고 있는 버스 회사 (주)광주고속을 세웠다.

cash credit 당좌대월(當座貸越).

cash delivery 현금 지불, 당일 납부.

cash dispenser 현금자동지급기, CD 기(機).
　◎ 〔참고〕 ATM(Automated Teller Machine) 현금자동지급기.

cash dividend 현금배당(現金配當).

cash earnings 감가상각 등의 비현금수지를 뺀 현금수지(現金收支).

cash equivalents 언제나 현금화할 수 있는 금융, 증권자산.

cash flow 자금의 운용 · 조달, 현금흐름.

cash flow statement 자금조달표(資金調達表), 현금흐름표.

cash in bank 소지현금(所支現金).

cash infusion(money injection) 자금투입.

The government has banned the chaebols and their subsidiaries from keeping unprofitable companies afloat by cash infusions and loan cross-guarantees. 정부는 재벌과 그 자회사에 대해 자금투입이나 부채의 상호보증을 통한 주식발행을 금지시켰다.

cash in hand 은행예금잔고(銀行預金殘高), 수중의 현금.

cash management account(CMA) 금융자산 종합계좌(金融資産綜合計座).
투신사에서 취급 중이다.

cash on delivery 현금지불.

cash overhang 현금재고(現金在庫).

cash over and short 현금과부족(現金過不足).

cash over and short account 현금과부족계좌(現金過不足計座).

cash position 증권투자 등의 자금으로 쓸 수 있는 현금 부분.

cash ratio 현금비율(現金比率).

cash reserve 현금보유고(現金保有高), 현금준비액(現金準備額).

cash surrender value 생명보험의 해약에 따라 지불되는 현금

부분.

casher's check 예금수표.

category 주식의 종류·종목·범주.

cats and dogs 투기주(投機株).

CB(Convertible Bond) 전환사채(轉換社債).

CBC(Central Bank of China) 중국 중앙은행(中國中央銀行). 대만의 중앙은행이다.

CBOE(Chicago Board Options Exchange) 시카고 옵션거래소.

CBOT(Chicago Board Of Trade) 시카고 상품거래소.

CCEJ(Coalition of Citizen's Economic Justice) 경제정의실천연맹(경실련).

CD(Certificate Deposit) 양도성 예금(讓渡性 預金).
　◐ 〔참고〕 Negotiable CD.

CD(Cash Dispenser) 현금자동지급기, CD 기.

CDR(Continental Depositary Receipt) 대륙성 예탁증서(大陸性 預託證書).

CEDEL 세델.

유로채의 대체결제기관이다.

ceiling price 가격상한(價格上限), 상한가(上限價).

central bank 중앙은행.

central information file(CIF) 집중정보관리, 고객별 명단관리.

Central Securities Depository(CSD) 중앙집중예탁기관.

CEO(Chief Executive Officer) 최고경영책임자.

CEPD(Council for Economic Planning and Development) (대만의) 경제건설위원회(經濟建設委員會, 약칭 經建委).

certificate 증권(證券), 권면(券面).

certificate of accrual on treasury securities(CATS) 미국 재무성 채권(T-Bond)을 이표(利表)와 원본(元本)으로 나누어 각각 디프 디스카운트(Deep Discount, 할인) 채(債)의 형태로 해서 파는 증서(證書).

certificate of deposit(CD) 양도성 예금증서.
Negotiable이란 단어를 붙여 NCD라고도 한다.

certificate of incorporation (회사) 등기부 등본.
The Certificate of Incorporation includes the following items : registration No., corporate name, method of

public notice, par value of a share, total No. of shares to be issued by the Company, total No. and class of shares issued, content of preferred shares, total capital, objectives, names and addresses of directors, names of the representative director, name and address of the statutory auditor. 회사 등기부 등본에는 다음과 같은 항목이 담겨 있다. 즉 등기 번호, 기업체명, 공시 방법, 액면가, 총발행 주식수와 종류, 우선주에 관한 내역, 총자본금, 설립 목적, 이사진의 성명 및 주소, 대표 이사명, 회계법인의 이름과 주소가 담겨 있다.

certificate of origin(CO) 원산지 증명서(原産地證明書).

certified check 은행보증수표.

certified public accountant 공인회계사(公認會計士).

CFA(Chartered Finnacial Analyst) (미국) 금융분석사.

CFTC(Commodity Futures Trading Commission) 상품선물거래위원회.

chaebol 재벌(財閥, Korean giant conglomerates).
chaebol이란 영어 표기는 거의 고유명사화되었으므로 철자에 유의할 필요가 있다.
On July 19, Daewoo, the second largest of the *chaebol* (family-controlled conglomerates), announced a debt

refinancing that was meant to calm the market. 7월 19일, 한국 제2위의 재벌(가족 지배형 대형기업 집단)인 대우그룹은 부채 재조정을 발표하여 시장을 안정시키려 하였다.

Chancellor of the Exchequer (영국의) 재무부장관.

changing hands, change hands 손바뀜.
유가증권을 매매하여 소유주가 바뀌게 되는 현상을 말한다.
The cash market had a good trading week with a total of 1,262 billion shares changing hands in the First Section. 자금시장은 제1부 종목에서만도 총 1조 2천 6백 2십 억 주가 손바뀜 현상이 일어나는, 거래가 매우 활발한 한 주간이었다.
"For the first time in three months, well over US$ 800 million worth of stocks changed hands," said Hank Morris of Standard Chartered Bank. "US$ 1 billion a day is needed for sustained rally." 스탠더드 차터드 은행의 Hank Morris는 말했다. "3개월 만에 처음으로 8억 달러 이상의 주식이 손바뀜이 일어났습니다. 이런 활황장세가 지속되려면 하루에 10억 달러 정도의 자금이 필요합니다."

charge account 외상거래계정.
주로 미국에서 사용하는 용어이며, 영국에서는 credit account 라고 한다.

charge-off 상각(償却).

chart 도표(圖表).

charter party 용선계약서(傭船契約書).

chartered accountant (영국의) 공인회계사(公認會計士).

chartered bank 국왕 공인은행.
영국 국왕으로부터 특허장(特許章)을 받아 식민지에 설립된 은행이다.

Chartered Financial Analyst(CFA) (미국) 금융분석사.

chartist 도표(圖表)를 이용하는 기술적 분석사.

chattle(mortgage) 동산담보(動産擔保).

CHB 조흥은행(Cho Hung Bank)의 영문 명칭.

cheapest to deliver(CTD) 최저가 인도 현물.
실물 인도시 가장 저렴한 현물이다.

check clearing system 수표교환제도.

check the market 시장가격을 조회하는 행위.

checking account 당좌예금.

Chicago Board of Trade(CBOT) 시카고 상품거래소.

Chicago Board Options Exchange(CBOE) 시카고 옵션거래소.

Chicago Mercantile Exchange(CME) 시카고 상업거래소.

chief creditor bank 주거래은행.

Chief Executive Officer(CEO) 최고경영책임자.

Chief Financial Officer 최고금융책임자.

Chinese Wall 기업 내 내부자 정보거래를 막기 위해 설정된 정보의 차단벽.
기업 외에서 모회사, 자회사 간의 같은 취지의 정보차단벽을 Fire Wall이라고 하여 구분을 하는 경우도 있다.

chumming 가장매매(假裝賣買).

churning 브로커(broker)가 수수료를 목적으로 지나치게 과도(過渡)한 매매(賣買)를 권유하는 행위, (속칭) 뺑뺑이 돌리기

CI(Composite Index) 경기종합지수.

CIF(Central Information File) 집중정보관리, 고객별 명단관리.

CIF(Cost, Insurance, and Freight) 운임보험료 포함 가격.

circuit breaker 주가 등이 급속히 하락하여 거래소의 컴퓨터 시스템 등이 일정 수준에서 자동적으로 작동이 중단되도록 하는 장치 또는 제도.
In a bid to damp rampant oversubscription rates, Hong

Kong securities regulators proposed to introduce 'circuit breaker' to limit applications for shares in IPO. 지나치게 높은 청약비율을 낮추기 위해 홍콩 증권 규제기관들은 서킷 브레이커 제도를 도입하여 신주 공모 주식의 청약을 제한하기로 했다.

circulation 통화의 유통(流通), 유통되는 통화량(通貨量).

circulatory rally 순환매(循環買).
각 업종 또는 종목별로 가격이 순환하듯이 상승하는 현상이다.

citizen bond 시민채권.
시 정부에서 발행하는 채권(municipal bond)의 일종이다.
Citizen bonds are registered on stock exchanges, in which case their prices are listed in daily unlike other municipal bonds. 시민채는 증권거래소에 등록되고, 그 가격도 다른 시 정부 채권과는 달리 신문에 게재된다.

Citizen's National Bank(CNB) 국민은행의 과거 명칭.
현재는 Kookmin Bank라고 한다.

Citizens Investment & Trust Co. 국민투자신탁.
현재는 현대투자신탁증권으로 바뀌었다.

city bank (한국의) 시중 은행, (일본의) 도시 은행(都市銀行).
A recent visit to Korea First Bank revealed some factors which would differentiate the bank from the others in

the group of five largest city banks. 최근 제일은행을 방문해 보았더니 다른 5대 은행들과는 다른 독특한 요소가 있었다.

classified securities(stock) 여러 가지의 주식.
배당, 의결권, 잔여재산 배분권 등으로 구분이 되어 있는 주식을 말한다.

clean float (자유) 변동가격제.

clean up 은행대출(貸出) 등에 있어서 사용 잔고를 일단 제로 상태로 약정(約定)해 두는 것, 가지고 있던 증권을 일단 매각하여 이익을 확정시키는 것.

clear 돌파하다.
The Korea Stock Exchange's index rose 17 points on 13 October, clearing the 740 point level on heavy trading. 10월 13일 한국 증시는 거래량이 활발한 가운데 17 포인트가 올라 740 포인트대를 돌파했다.

clearing bank (런던) 어음교환소 가맹은행.

clearing corporation(firm) 청산회사, 청산회원.

clearing cut-off time (은행) 마감시간.
Hey, Tom, you should deposit this check to the company account before today's clearing cut-off time. 톰, 너는 오늘 은행 마감시간 전까지 이 수표를 회사 계좌에 넣어야 해.

clearing house(funds) 어음교환소.

clearing system 어음교환제도, 청산제도(淸算制度).

clearance 어음교환.

client assets 고객 예탁자산(顧客預託資産).
The U.S.'s largest brokerage firm also said that its total client assets topped US $ 500 billion at the end of May. 미국 최대의 증권회사인 그 회사는 지난 5월 말 기준으로 고객 예탁 자산이 5000억 달러에 이르렀다고 밝혔다.

clique 가격 조작을 목적으로 한 업자 간의 중개(仲介).

clone fund 다른 운용 방법을 모방한 운용자금.

close(out) 종료(終了), 마무리.

closed corporation 비생산회사(非生産會社).

closed-end fund 추가 설정이 불가능한 유형의 투자신탁 펀드.

closed-end investment company 추가 설정이 불가능한 유형의 투자신탁회사.

closed-end mortgage 폐쇄형 저당권(閉鎖型抵當權).
사채 발행시 담보를 설정하는 경우 1회의 설정으로 수차례 분할 사채를 발행하는 형식(Open-end mortgage와는 반대되는 형식)

이다.

closely held 소수주주 지배(少數株主支配).

closing 사채 등의 납입(納入)·불입(拂入).

closing high(low) 고가(高價) 마감, 저가(低價) 마감.

closing price 종가(終價), 마감가격.

closing quotation 하루의 마지막 마감가격.

closing sale 옵션(Option)의 매수(買受)분을 청산하는 거래.

closing session 하루의 장을 마감하는 최종 마감 경매.

CMA(Cash Management Account) 금융자산 종합계좌(金融資産綜合計座).
투신사에서 취급중이다.

CMB(Chase Manhattan Bank) 체이스 맨하탄은행.

CME(Chicago Mercantile Exchange) 시카고 상업거래소.

CNB(Citizens' National Bank) 국민은행의 과거 명칭
현재는 Kookmin Bank라고 한다.

Coalition of Citizen's Economic Justice (CCEJ) 경제정의실천연맹(경실련).

co-finance 협조융자(協助融資).

coincident composite index 동행지수(同行指數).
According to a monthly report by the Economic Planning Agency, the coincident composite index rose 0.4% in May. (일본) 경제기획청 발행 월간보고서에 따르면 동행지수가 5월에 0.4% 상승했다.
  ◐ [참고] leading index 선행지수, lagging index 후행지수.

co-lead manager 공동 주간사(共同主幹事).

co-maker 어음·수표의 공동 발행인.

co-manager 공동 간사(共同幹事).

cold call 전화를 사용한 거래 권유 행위(去來勸誘行爲).

collar 금리의 상한·하한을 조합한 옵션거래.

collateral 담보(擔保).

collateral bond 담보부 사채(擔保附社債).

collateral loan 담보부 대출(擔保附貸出).

collateral security 근저당.
Would your company pledge part of its current assets as collateral security? 귀사는 유동자산의 일부를 근저당으로

잡힐 것을 서약합니까?

collateralized mortgage obligation(CMO) 부동산 담보부 사채를 담보로 하여 발행된 증권.

collection 회수(回收), 추심(推尋).

collection bill 추심어음.

collection period 회수기간, 추심기간.

collective investment fund 개별 펀드를 합동 운용(運用)하는 펀드.

collusive links between politicians and businessmen 정경유착(政經癒着).
unhealthy links between politics and economy, too close links between management and politics라고도 한다.
Kim said unless the real-name financial transaction system is introduced, corruption cannot be eliminated and collusive links between politicians and businessmen cannot be severed. 금융실명제가 도입되지 않는 한 부정부패가 근절될 수 없고, 정경유착의 고리도 끊어지지 않으리라고 김(대통령)은 밝혔다.

COMEX(Commodity Exchange, New York) 뉴욕 상품거래소.

comfort letter 재무상태 확인서(財務狀態確認書), 회계사가 주

간사 앞으로 발행하는 발행자의 재무 내용에 관한 확인서.
증권 발행시 첨부되며, 재무제표에 나타난 모든 정보가 이상 없음을 공인회계사가 증명하는 보증서이다.
The lead manager obtains a comfort letter from the auditors to the issuer confirming that all financial information presented has been correct. 주간사는 제시된 모든 회계 정보가 정확하다는 내용을 증명하는 컴포트 레터를 회계사로부터 받아 발행사에게 전달해 주도록 한다.

commercial bank (일반적인) 상업은행.

(The) Commercial Bank of Korea 상업은행.
현재는 한빛은행(Hanvit Bank)으로 변경되었다.

commercial bill 상업어음.

commercial credit 상업대출(商業貸出).

commercial loan 상업대출.

commercial paper(CP) 단기자금 조달이 어려운 기업이 발행하는 약속어음의 일종.

commingled (investment) **fund** 합동운용형(合同運用型) 펀드.

commission 수수료(手數料).

commission broker 주로 고객거래(顧客去來)를 하는 브로커.

Floor broker와는 대조된다.

commission system　수수료제도.
회사와 브로커 간의 계약에 의해 고객의 거래대금 수수료의 일정분을 나누기로 하는 제도이다.

commitment fee　은행대출 등에서 대출 예약액을 설정할 때 징수하는 수수료.

commodities investment trust　상품투자신탁.

commodity　상품(商品).
유가증권에 대칭되는 용어이다.

commodity-backed bond　상품가격에 연동(連動)되어 원리금(元利金)을 지불하도록 되어 있는 사채.

commodity exchange　상품거래소.

Commodity Exchange(COMEX)　뉴욕 상품거래소.

commodity futures　상품선물(商品先物).

Commodity Futures Trading Commission(CFTC)　(미국의) 상품선물거래위원회.

commodity loan　상품대출(商品貸出)의 형식을 이용한 금융 수단.

commodity market 상품시장.

commodity option member(COM) 상품옵션회원. 일반 상품옵션거래에 참가할 수 있는 회원이다.

Commodity Pool Operator(CPO) 상품 풀 운용자.

Commodity Trading Advisors(CTA) 상품거래 자문업자.

common depositary 공동 보관소.

common dividends 보통배당.

common standards (증권의 국제간 거래 및 결제상의) 공동 표준.

common stock (미국식) 보통주식.
  ○ 〔참고〕 ordinary share (영국식) 보통주.

common stock ration 보통주식의 자본금에 따른 비율.

community property 부부공유재산(夫婦共有財産), 부부공동재산.

comparative statement 비교재무제표.

company rulebook 사규집(社規集).

compensating(compensatory) **balance** 구속예금(拘束預金), 꺾

기, 양건예금(兩建預金).
양건예금은 Forced deposits in return for bank loans라고도 한다.

competitive bid 경쟁 입찰(競爭入札).

completed contract accounting 공사완성고 기준의 회계.

compliance(department) 규정 준수(를 체크하는 부서).
주로 회계감사부를 의미한다.

composite 복수의 종목을 집약한 지수.

composite index(CI) 경기종합지수.

compound interest 복리(複利).

Comptroller of the Currency(COC) 미국의 통화감독관(通貨監督官).

concession 수수료, 판매 수수료.

condensed statement 요약재무제표(要約財務諸表).

conditional acceptance 조건부 인수(條件附引受).

conditional endorsement 조건부 이서(條件附裏書).

conditional sales 할부판매(割賦販賣, Sales by installment).

confirmation (매매, 입출금) 거래 확인.

confirmed (letter of) **credit**   확인결제 신용장.

conflict of interest   이익 상반(利益相反).

congestion area   혼조 국면(混調局面).
주가가 일정 범위를 벗어나지 못하고 하락과 반등을 거듭할 때, 또는 그 가격 영역을 말한다.

conglomerate   대기업 집단, 재벌(財閥).

consent letter   감사보고서 수록동의서(監查報告書收錄同意書).
공인회계사가 작성한 재무제표 및 감사보고서 등 재무 상황에 관한 사항이 사업설명서(prospectus) 등에 등재되는 것에 동의하는 공인회계사의 동의서를 말한다.

consolidated statement   연결재무제표(連結財務諸表).

consolidation   조정, 바닥다지기, 시세(時勢) 다지기.
어느 정도의 가격상승이나 하락 후 더 이상 큰 폭의 가격 변동 없이 일정 수준의 가격이 그대로 유지되는 것을 말한다.
However, a short term momentum measures have approached overbought levels, a period of consolidation is warranted after a dramatic upswing. 그러나 단기적인 지표상으로는 지나치게 과열된 상태여서 급상승 후 일정 기간 동안 시세를 다지는 조정 현상이 틀림없이 나타날 것으로 보인다.

We expect market to consolidate at current levels until signs of US recovery emerge. 미국의 경제 회복의 기미가 있기까지는 현수준에서 장세가 바닥을 다질 것으로 예상된다.

consortium(bank)　은행차관단(銀行借款團).
여러 나라의 은행이 모여 구성하는 은행이다.

constant dollar plan　안정투자(安定投資), 구입수단(購入手段).

construction loan　부동산 금융의 일종으로 공사 기간 중의 대출.

Consultation Office for Overseas Companies　외국 기업 상담실.

consumer　소비자(消費者).

consumer banking　소비자 금융(消費者金融).
Peking does not allow foreign banks to participate in renminbi transactions, a restriction that limit the opportunities for consumer banking. 북경 당국은 외국계 은행의 인민폐(人民幣) 취급 업무를 허용치 않고 있다. 그것은 (외국 은행의) 소비자 금융의 기회를 제한하는 것이다.

consumer credit(loan)　소비자 금융.

consumer finance company　소비자 금융회사(金融會社).

Consumer Price Index(CPI) 소비자 물가지수(物價指數).

consumption 소비(消費).

consumption spending 소비지출(消費支出).
It is this incremental income growth (rather than GDP growth) which is likely to fuel consumption spending in the coming years. 앞으로 이러한 소비지출에 불을 지르는 것은 (GDP 성장보다는) 바로 이런 점증하는 소득증대인 것이다.

contango 런던 주식거래소의 이연이식(移延利息).

contingent liability 우발채무(遇發債務), 부대채무(附帶債務).

contingent loss 우발손실(遇發損失).

contingent profit 우발이익(遇發利益).

contingent order 가격지정주문(價格指定注文).

contingent reserve 예비지출금.

continuing guaranty 기한(期限)이 없는 보증장(서).

continuous compounding 연속복리계산(連續複利計算).

continuous disclosure 연속공시(連續公示).

continuous session 개장 동시호가와 폐장 동시호가 사이의 하루 중의 개장시간(開場時間).

contract 계약(契約).

contract slip 매매 확인서(賣買確認書), 외환거래 확인서.

contraction of volume 거래량 위축.

contractual(accumulation) **plan** 계속 이익누적형 신탁(繼續利益累績型信託).

contrarian 역발상(逆發想)으로 투자하는 전문 투자가.
According to contrarian opinion, if everyone is certain that something is about to happen, it won't. This is because most people who say the market is going up are fully invested and have no additional purchasing power, which means the market is at its peak. 역발상론에 따르면, 만일 뭔가 일어날 것이라고 모든 사람이 생각한다면 실제 아무일도 일어나지 않는다는 것이다. 이것은 시장이 올라갈 것이라고 모든 사람이 생각한다면 이미 모든 사람들이 투자를 하여 추가적인 구매 여력이 없으며, 결국 시장은 꼭대기(상투)에 이르렀다는 것이다.
◐ [참고] Buck the trend 대세를 거스르다.

contribution 출자(出資), 갹출(醵出, chip in).

control person 지배주주(支配株主).

◐ 〔참고〕 affiliated person 참조.

control stock 지배주(支配株).

◐ 〔참고〕 affiliated person 참조.

controller 경리부장.

controlling interest 경영지배권, 지배지분.

controlling ownership 경영지배권(經營支配權), 지배지분.

controlling shareholder 지배주주(支配株主).
주총에서 의결권행사를 통해 회사의 주요 의사결정 사항, 즉 경영권을 지배할 수 있는 대주주이다.

Convention for the Avoidance of Double Taxation and the Prevention of Fiscal Evasion with respect to Taxes on Income and Capital 소득 및 자본에 관한 조세의 이중과세 회피 및 탈세방지를 위한 협약.

convention system 이자계산방식의 기준.

conventional mortgage loan 통상적인 부동산 대출(不動産貸出).

convergence 수렴(收斂) 선물거래 등에 있어서 만기(滿期)에 근접할수록 현물과 선물 간의 가격차가 좁혀지는 현상.

conversion 전환(轉換).

conversion agent 전환대리인(轉換代理人).

conversion factor 전환계수(轉換係數).

conversion formula(method) 전환방식.

conversion parity 전환비율(轉換比率).

conversion period 전환기간(轉換期間), 전환청구기간(轉換請求期間).

conversion premium 전환 프리미엄, 전환가격 결정시 시가에 덧붙인 가격.

conversion price 전환가격(轉換價格).

conversion ratio(rate) 전환비율(轉換比率).

conversion value 전환가치(轉換價値).

convertible bond(CB) 전환사채(轉換社債).

convertible currency 교환이 가능한 외국 통화.

convertible debenture 전환사채(轉換社債).

convertible note(CN) 전환사채(轉換社債).

스위스에서 발행되는 전환사채를 주로 지칭한다.

convertible preferred stock 전환권이 부여된 우선주.

convertible stock 전환주식.

COOC(Consultation Office for Overseas Companies) 외국 기업 상담실.

cooling-off period 냉각기간(冷却期間).
발행계획서를 관계기관에 제출한 순간부터 모집 개시까지의 기간이다.

core company 주력기업.

corner(the market) 매점(買占).

corporate bond 사채(社債), 사업채(事業債).

corporate failure 기업 도산(企業倒産).

corporate finance 기업 금융(企業金融).
기업에 필요한 자금을 조달하는 방법이나 활동을 말한다.

corporate resolution 이사회 결의(理事會決議).

corporate trust 법인신탁(法人信託).

corporation 법인, 회사, 기업.

한국에서는 주로 Korea Tobaco & Ginseng Corporation, 즉 한국 담배인삼공사의 예와 같이 공사(公社)라는 의미로 사용하고 있다.

correction 시장의 조정기간(調整期間).
주가가 오랜 기간 동안 하락 또는 상승을 계속하다가 잠시 주춤하는 기간이다.

correlation coefficient 상관계수(相關係數).

correspondent(bank) 외환결제 제휴은행(外換決濟 提携銀行).

cost 비용.

cost accounting 원가에 대한 회계.

cost of capital(capital cost) 자금조달비용(資金調達費用).
For Land & Houses, one of Thailand's biggest property developers, the cost of capital is one of the major costs of doing business. 태국 최대의 부동산개발회사인 Land & Houses 사로서는 자금조달비용이 사업을 하는 데 드는 가장 큰 비용 중의 하나이다.

cost of carry(carrying cost) 재고유지비용, 증권보유기간 중의 금리지불(金利支拂) 비용.

cost of funds 자금비용(資金費用).
Bayerische Landesbank's Mr. Gupta says the tax break

can reduce the cost of funds for the arranger by several basis points. Bayerische Landesbank의 Gupta 씨에 따르면 세금을 세분화함으로써 arranger는 자금비용을 몇 베이시스 포인트(basis point) 더 줄이는 것이 가능하다고 밝힌다.

cost of living 생활비, 생계비.
○ 〔참고〕 CPI 소비자 물가지수.

cost of sales 판매원가(販賣原價).

cost-push inflation 노임(勞賃), 원료, 이자 등의 비용 상승으로 인한 인플레이션.

Council for Economic Planning and Development(CEPD) (대만의) 경제건설위원회(經濟建設委員會, 약칭 經建委).

countervailing duty 상쇄관세(相殺關稅).

country risk 국가별 차입금 변제능력 위험도(sovereign credit risk).

coupon 이표(利表).

coupon bond 이표채(利表債).
할인채와는 달리 일정 기간마다 일정한 이표에 따라 이자가 지급되는 채권이다.

coupon payment 이표지급(利表支給).

coupon rate 채권의 이율(利率).

covariance 공분산(共分散).

cover 반대 매매(反對賣買)를 하여 실질적인 원상복구를 하다.

coverage 금리, 리스크 등을 부담할 수 있는 범위.

covered options(writing) 위험제거옵션.
이면에 옵션계약이 붙어 있는 전략의 총칭이다.

covered warrant 당해 기업이 아닌 제3자가 발행하는 warrant. covered란 warrant 발행자가 소지자들의 warrant 행사에 대비해서 행사 대상 유가증권을 사들일 수 있는 매입 권리를 미리 확보했다는 뜻이다.

CP(Commercial Paper) 상업어음.

CPI(Consumer Price Index) 소비자 물가지수(消費者物價指數). Employer-employee contracts often stipulate that pensions or wages will rise each year by a percentage equal to the rise of CPI. These are called cost-of-living increases. 사용자와 근로자 간의 계약에 따르면 흔히 소비자 물가지수의 인상폭에 따라 연금(퇴직금류)이나 임금을 매년 인상하도록 규정하고 있는데, 이를 생계비 인상분이라고 한다.

Cr.(=Creditor, Credit) 대변(貸邊).

crash 봉락(崩落), 주가의 큰 하락, 대폭락.
- 〔참고〕 post-crash hangover 주가 대폭락 후의 후유증.

crawling peg 일정 범위 내에서 자국 통화의 환율을 조정하는 환율 관리제도.

credentials 신임장.

credentials committee 자격심사위원회.

credit 신용, 여신, (부기) 대변(貸邊), ~의 대변에 기입하다
- 〔참고〕 debit(↔ credit) 차변.

Therefore, please credit the same amount to our account with your bank first and debit again while informing your Seoul office so that our side can withdraw the money on date in Seoul. 따라서 동(同) 금액을 먼저 귀 은행의 대변에 기재한 후 다시 차변에 기재하는 것과 동시에, 귀 은행의 서울 사무소에 통보해 당사측이 제날짜에 출금을 할 수 있도록 하여 주시기 바랍니다.

credit account 외상거래계정.
주로 영국에서 사용하는 용어이며, 미국에서는 charge account 라고 한다.

credit agency (지불능력에 대한) 신용조사기관(信用調査機關).

credit analysis 신용 분석.

credit balance 대출잔고(貸出殘高).

credit bureau (상업) 흥신소.

credit card 신용카드.

credit condition 신용 상태, 신용 조건.

credit control 금융 조절, 여신 관리(與信管理).
여신 관리는 금융기관에서 일반인 또는 기업에 대출 여부를 결정, 조절한다.

credit crisis 금융공황(金融恐慌)

credit crunch 자금경색(資金梗塞).
자금의 회전 상태가 지극히 불량한 상태로, 이보다 정도가 조금 덜한 경우를 credit pinch(자금 궁핍)라 한다.
Although, it would be wrong to say that the tight money policies are still in place, an ongoing credit crunch is nevertheless having the same effect on the final demand at present. 비록 아직까지 자금긴축정책이 시행되고 있다는 말이 맞지 않을지 모르지만, 현재 수요에는 자금경색이 동일한 효과를 발휘하고 있다.

credit-enhanced 신용도가 상향된, 신용도가 상향 조절된.
In recent years there has been a trend for lesser known companies to issue debt guaranteed by third parties,

such as well known banks or insurance companies. Such issues are referred to as 'credit-enhanced.' 최근 잘 알려진 은행이나 보험사가 보증을 서서 잘 알려지지 않은 기업들이 채권을 발행하는 경향이 있다. 이런 경우의 발행을 '신용 상향' 조정 발행이라 한다.

credit entry (부기) 대변기입(貸邊記入).

credit insurance (소비자 금융) 신용보증(信用保證).

credit limit 여신한도액(與信限度額).

credit line 대출예약고.

credit note 대변전표.

credit pinch 자금 궁핍(資金窮乏).
  ○ [참고] credit crunch 자금경색.

credit quality 신용 상태, 신용 여건.
The improving credit quality of Asia-Pacific countries is opening the door to funding through US debt offering as well. 아시아 태평양 국가들의 신용 상태 호전으로 미국 내 채권상품 발행을 통한 자금 조달의 길이 열리게 되었다.

credit rating 신용등급심사, 신용평가.

credit restriction 여신규제(與信規制).

As a step toward upgrading the competitiveness of the manufacturing sector, credit restrictions on a designated Chaebol-group companies were lifted. 제조업 분야의 경쟁력 강화를 위해 지정된 재벌기업들의 여신규제가 해제되었다.

credit revolving association 계(契).

credit risk 신용 위험도.

credit sale 신용 판매(信用販賣), 외상 판매.

credit squeeze 금융긴축(金融緊縮).

credit standing 신용 상태, 신용 상황.

credit terms 신용 공여 조건.

credit tranche 크레디트 트랜치.
IMF 가맹국이 출자 할당액을 초과하여 IMF에서 빌릴 수 있는 금액이다.

credit union 신용조합.
조합원에 대해서는 저리(低利)로 융자해 주는 혜택이 있다.

creditor 채권자(債權者).

creep (주가가) 형편없는 상태를 유지하다, 기다.
By 12 July, the Nikkei had crept over the 15,000 level.

7월 12일까지 일경(日經) 지수는 15,000대를 기었다.

creeping inflation 물가 등이 약간씩 올라 소폭으로 진행되는 완만한 인플레이션.

cross default 연쇄지급불능(連鎖支給不能).
복수의 채무관계에서 어느 한 쪽이라도 불이행할 경우 다른 쪽도 불이행되는 것을 말한다.

cross payment guarantee 상호지급보증.

financial cross guarantee 상호지급보증.

crossed check 횡선(橫線)수표.

crossed trade 자전거래.
거래소를 통해 동일한 물량을 팔고 사는 형식적인 거래를 하는 것을 말한다.

crowd 입회장(立會場)에서의 브로커 간의.

crowding out 구축(驅逐).
정부에 의한 자금 수요가 민간 수요를 압박해 경기 위축을 가져오는 것을 일컫는다.

crown jewels (M&A) 매수 대상 기업의 가장 매력적인 부분.

crunch 자금경색(資金梗塞, Credit crunch), 금융 위축.

CSD(Central Securities Depository) 중앙집중예탁기관.

cum ~부(附).

cum dividend 배당부(配當附).

cum rights 권리부(權利附).

cumulative 누적적인.

cumulative deficit 누적 적자(累積赤字).

cumulative dividend 누적 배당(累積配當).

cumulative preferred stock 누적적 우선주(累積的優先株).
당해년도의 배당이 정해진 우선배당률에 미치지 못하였을 때 그 부족액을 다음 회계년도에서 받는 것이다.

cumulative voting(right) 누적적 의결권(累積的意決權).

curb market 장외시장(場外市場), 일반 민간경제.
증권거래소와 같은 공식적인 기관을 거치지 않은 모든 비공식 거래의 총칭이며, kerb market이라고도 한다.
"It is not the speculator's own money," a Taiwanese fund manager says. "It was other people's money. So, the larger victim is going to be the curb market." 대만의 펀드매니저가 말했다. "그것은 투기꾼들의 돈이 아닙니다. 그것은 일반인들의 돈이지요. 따라서 더 큰 피해는 장외시장에서 일어날

것입니다."

currency 통화(通貨), 화폐(貨幣).

currency appreciation 통화절상(通貨切上), 화폐절상(貨幣切上), 평가절상(平價切上).

currency convertibility 환전성(換錢性).

currency dealer 외환 딜러(Forex dealer).
But currency dealers denied the jump reflected speculative pressures. 그러나 외환 딜러들은 (환율)의 급상승이 투기꾼들의 시장 압력에 의한 것은 아니라고 강하게 부정했다.

currency deflation 통화량 위축, 통화 유통량 축소.

currency futures 통화선물(通貨先物).

currency inflation 통화량 확대.

currency in circulation 유통통화(流通通貨).

current 경상(經常)의, 현재의, 유동성(流動性)인.

current account 당좌예금(當座預金).

current-account deficit(surplus) 경상수지 적자(흑자).
Tourism spending and outward remittances could also

rise higher and cut current-account surplus further. 관광소비지출과 대외송금이 늘어나면서 경상수지 흑자도 더욱 줄어들 것이다.

current assets 유동자산(流動資産).
Current assets are cash and other resources that are reasonably expected to be realized in cash or sold or consumed in the business with one year of the balance sheet date or the company's operating cycle, whichever is longer. 유동자산이란 재무제표상의 1년이나 기업의 경영주기 중 어느 쪽이든 긴 쪽의 기간 중에 현금으로 실현되거나 팔리거나 소비될 수 있는 현금 또는 다른 자산을 의미한다.

current business year 당해 사업년도(當該 事業年度).

current coupon 현행이표(現行利表).
현 시점에서 가장 인기가 있고 액면가 부근에서 대량으로 거래가 되고 있는 채권의 이자율을 말한다.

current deposit 당좌예금(當座預金).

current income 당기이익(當期利益).

current liabilities 유동부채(流動負債).

current (market) **value** 시가(時價).

current ratio 유동비율(流動比率).

current return 경상수익률(經常受益率).

current yield 현행 수익률(現行受益率).

cushion bond (당해) 채권의 가격이 하락해도 이표(利表)가 매우 높은 채권.

CUSIP 미국에서 이용되는 거래소의 종목 번호.

custodian 증권보관기관, 보유은행(保有銀行).

custodian's agent 행사명의 국내 대리인(行事名義國內代理人).

customer base 고객층.
DBS, with a huge customer base after its merger with POS Bank, is also setting its sights high. POS 은행과의 합병으로 고객층이 매우 커진 DBS 은행도 목표를 높이 잡고 있다.

customer deposits 고객예탁금.
Sharply rising customer deposits are seen as a sign of potential buying pressure, but they are really evidence of stock sales that haven't been taken out of the market yet. 급증하는 고객예탁금은 상당한 장세 상승요인으로 볼 수도 있겠지만, 오히려 주식을 팔고서 (자금을) 찾아가지 않고 있다는 증거로 볼 수도 있다.

customer protection 고객 보호(顧客保護).

customer's agreement and consent 증거금 거래약정서(證據金去來約定書).

customs 세관(稅關).

customs duty 관세(關稅).

customs statistics 세관통계(稅關統計).
Customs statistics show exports having risen 6.6% in July while imports climbed by a sharp 40%. 세관통계에 따르면 7월에 수출은 6.6% 오른 반면, 수입은 40%나 급증하였다.

customs tariff 관세(關稅)의 세율표(稅率表).

customs union 관세동맹(關稅同盟).

cut-throat competition 출혈경쟁(出血競爭).
Although sales of electronic products remains brisk, especially of computer disk drives, producer margins are being squeezed by cut-throat competition as well as rapid changes in technology and demand. 비록 전자제품, 특히 컴퓨터 디스크 드라이브의 판매는 활발하지만 생산자의 수익은 기술과 수요의 변동뿐만 아니라 출혈경쟁으로 줄어들고 있다.

cutting a melon 고액배당(高額配當).

cuttings 이자(利子), 몫.

cycles (장세의) 주기(週期).

cyclical rally 순환매(循環買).
각 업종 또는 종목별로 가격이 순환하듯 상승하는 현상을 말한다.

cyclical stock 순환주(循環株), 경기 변동에 민감한 주식.
Examples of cyclical stocks are housing, automobiles, and paper. Stocks of noncyclical industries-such as foods, insurance, drugs-are not as directly affected by economic changes. 경기순환주의 예는 주택, 자동차, 제지업 관련주식들이다. 비경기 순환업종은 식료, 보험, 의약 등으로 경기순환에 직접적인 영향을 받지 않는다.

dabble at(dabble in) 장난삼아 ~에 돈을 대다, 투자해 보다.

The types of institution investing in equities are many and various and the same can be said of individual investors, who range from the maiden-aunt who dabbles in the market for pleasure and profit to professionals who may invest millions. 주식에 투자하는 기관의 유형은 많고 또 다양하다. 개인 투자가들도 마찬가지여서 재미와 이익을 얻으려고 손을 대보는 아주머니 투자가들로부터 수백 만 달러를 투자하는 전문 투자가들도 있다.

daily trading limit 일일가격 제한폭(日日價格制限幅).

dampener 찬물을 끼얹는 것.

The Japanese yen has faltered considerably over the last week. In the worse case, a sharply weaker yen could put a dampener on the Asian recovery story. 일본 엔화가 지난주 말에 크게 하락했다. 최악의 경우 일본 엔화의 약세는 아시아의 경제 회복에 찬물을 끼얹을 수도 있다.

date of delivery 수도일(受渡日).

date of record (배당 등의) 기준일.

dating 상업어음 거래 등에서 납품업자가 통상적인 자금 수취(지불) 일자를 연장시켜 주어 자금의 여유를 주는 것.
In industries marked by high seasonality and long lead time, dating makes it possible for manufacturers with lean capital to continue producing goods. 계절적 요인이 심하고 지체기간이 길어지는 업종에서는 자금 수취일자를 연장시켜 주는 데이팅 덕분에 제조업자는 적은 자본을 가지고 제품을 생산할 수 있는 것이다.

day order 당일에 한하여 유효한 주문.

day (to day) **loan** 당일용대출(當日用貸出), 1일용 급전(急錢).

day trader 당일 거래자, 당일치기 거래자.
Day traders are investors who open and close market positions with the same trading day. 당일치기 거래자들이란 같은 날 시장에 참여했다가 같은 날 빠져나오는 사람들을 말한다.

daylight trading 당일 거래, 당일치기 매매.
아침에 매입(買入)해서 저녁에 파는 등의 투자행태이며, 장기적인 시야(視野)나 투자 판단을 갖지 않고 장세(場勢)의 흐름에 따라 매매를 하는 것이다.

days to run 할인 일수(割引日數).

deal (증권 등의) 거래(去來).

dealer 자기매매업자(自己賣買業者).

dealer loan 증권금융대출(證券金融貸出), 증권금융재고(證券金融在庫).

dealer market 증권업자들에 의해 형성되는 장세.

dealing 자기매매(自己賣買).

debenture 사채(社債).
주로 무보증사채를 말한다.
Most debentures are short-term obligations. 대부분의 무보증사채는 단기채권이다.

debenture stock 확정금리부 주식(確定金利附株式).

debit 차변(借邊), 차변에 기입하다(↔credit).
Debit him with $700.
Debit his account with $700.
Debit $700 against him.
Debit $700 against his account.
그의 계정 차변에 700 달러를 기입하시오.
The net income of $12,000 will appear in the income

statement debit column and the balance sheet credit column. 순익 12,000 달러는 손익계산서 차변에, 대차대조표 대변에 나타날 것이다.

debit balance 대출잔고(貸出殘高).

debit slip 지급전표(支給傳票).

debt 부채(負債), 차입금(借入金), 타인자본(他人資本), 채권.

debt ceiling 채무부담한도(債務負擔限度).

debt-equity swap 부채와 주식 간의 교환거래.

debt financing 차입금 조달(借入金調達), 차입 조달(借入調達).

debt instrument 타인자본 상품(他人資本商品), 채무를 표시하는 증서.

debt market 채권시장.

debt paper, debt securities 채권.
흔히 'debt 물(物)'이라고 한다.
To encourage the supply of high quality debt paper in Hong Kong, profits tax exemption has been granted to Hong Kong dollar debt securities issued by ten supranational organizations with top credit ratings. 양질의 채권 발행을 격려해 주기 위해 신용도 좋은 다국적 조직의

홍콩 달러 표시 채권 발행시 수익세를 면제해 주고 있다.

debt retirement 채무변제(債務辨濟).

debt service(ratio) 회계상 발생한 연간(年間) 변제 가능 자금과 차입금의 비율.

debt (-to equity) ratio 자기자본에 대한 타인자본(차입금) 비율.

December rally 12월 장(場), 연말장(年末場).
"The Korean stock market typically has a December rally," says Steve Marvin, head of research at Jardine Floming Securities Ltd(Seoul). "한국 증시에는 전형적인 연말장이 있습니다."라고 자딘 플레밍 증권(서울)의 스티브 마빈 조사부장은 말한다.

declare (a dividend) 배당공고(配當公告).

decline 장세하락(場勢下落), 침체.

declining balance depreciation 정율법(定率法).

deep discount bond 고율 할인채(高率割引債).

deep in the money 옵션거래에서 이익이 상당히 큰 상태.

deed of trust 신탁증서(信託證書).

deep out of the money 옵션거래에서 손실이 상당히 큰 상태.

default 채무불이행(債務不履行).

default interest 연체이자(延滯利子).

default risk 채무불이행 위험.

defeasance 계약파기.

defensive investment 방위적 투자, 안정적 투자.

defensive securities 가격 안정성이 높은 증권.

deferred charge 이연비용(移延費用).

deferred payment 이연지불(移延支拂).

deferred stock 열후 주식(劣後株式), 후순위 주식(後順位株式).

deferred tax 회계 처리상 발생한 세금을 이연지불(移延支拂)하는 것.

deficiency letter SEC가 발행계획서의 미비점이 발견되었을 때 발행하는 시정 명령.

deficit 적자(赤字), 채무초과(債務超過).

definitive bond 정식 채권(正式債券).

유로채 발행시 납입 후 40일 뒤에 발행되어 임시 채권(Temporary Global Bond)을 대신하게 된다.

deflation 디플레이션, 통화수축(通貨收縮).

deflationary gap 공급이 수요를 웃돌아 생기는 초과액.

delayed opening 팔고 사는 것이 불균형 상태로 시작되어 주문 매치가 되지 않는 상태.

deflator 경제 통계상 이용되는 명목수치를 실질수치로 전환시키는 데 이용되는 전환치(轉換値).

delinquency 연체(延滯).

delisting 상장 폐지(上場廢止).

delivery 인수도(引受渡).

delivery against payment 지불 즉시 인도(支拂卽時引渡).

delivery date 수도일(受渡日), 결제일(決濟日).

delivery procedure (실물) 인수도 절차(引受渡節次).

delivery versus payment(DVP) 증권 인도 즉시 대금 지급, 지불 즉시 인도.

delta 델타 가격.

demand 수요(需要).

demand deposit 요구불예금(要求拂預金).

demand draft 요구불 환어음.

demand-pull inflation 수요견인(需要牽引) 인플레이션, 수요 과다로 인해 생겨나는 인플레이션.

dematerialization 증권 불발행(證券不發行).
전산 장치의 발달로 주권(株券)의 이동이 실물과 함께 하지 않고 전산상으로 자동 결제 처리되도록 하여 주권의 무권면화(無券面化, paperless)가 되도록 하는 것이다.

demonetization 화폐로서 더 이상 사용하지 않다, 화폐가치를 인정하지 않다.
The Jamaica agreement between IMF countries officially demonetized gold starting in 1978, ending its role as the major medium of internationl settlement. 국제통화기금(IMF) 국가간에 맺어진 자메이카 협정에 따라 1978년부터 황금을 국제 결제 수단으로 공식적으로 이용하지 않게 되었다.

denomination 권면표시통화(券面表示通貨), 금액, 통화단위 절하(通貨單位切下).

depletion 감모상각(減耗償却).

deposit 예금, 입금.

deposit at notice 통지예금(通知預金).

deposit certificate 예금증서(預金證書).

deposit run(=run on deposit) 예금인출 사태.
As the government dithers, the investment-trust companies, which own more than one-third of Daewoo's heavy debts, were threatened by deposit runs. 정부가 망설이는 동안, 대우의 엄청난 부채의 1/3 이상을 보유하고 있는 투신사들은 예금인출 사태를 겪어야 했다.

deposit-taking company(DTC) 예금예딕증서를 발행할 수 있는 기관.

depository trust company(DTC) 미국의 주권(株券) 이체 기관.

depreciation 감가상각(減價償却).

depression 불황(不況).

deregulation 규제철폐, 규제완화, 자유화.

derivative products 〔선물(先物), 옵션 등의〕 파생적 상품.

descending tops 장세가 파도를 치면서 하락해 가는 단기 고점,

하향 고점(下向高點), (속칭) 단기 모도리.

detachable warrants 분리가능형 워런트부(附) 사채.
워런트 부(附) 사채의 워런트 부분과 본사채(本社債) 부분을 분리시킬 수 있는 사채로 분리 이후에도 각기 워런트 부분(권리)과 본사채(보통 사채)로 유통이 가능하다.

deterioration 가격의 점진적인 하락, 침체.
○ [참고] stock market deterioration 증시 침체.

Deutsche Terminborse(DTB) 독일 선물거래소.

devaluation 가격상각(價格償却), 평가절하(平價切下).

difference 차액, 차이.
It is a difference of five dollars. 5달러 차이이다.
If a company's revenues are $125,000 and its expenses are $113,000 in which financial statement columns of the work sheet will the net income of $12,000 appear? When expenses exceed revenues, in which column will the difference appear? 만일 기업의 수익이 125,000 달러이고 비용이 113,000 달러이면 정산표의 어느 항목에 순익 12,000 달러가 나타날 것인가? 비용이 수익을 초과하면 어느 항목에 차액이 나타날 것인가?

differential 차액(差額).

differential duty 품목별 관세율(品目別關稅率).

diffusion index 경기동향지수, 경기확산지수.

dilution 희박화(稀薄化), 희석화(稀釋化), 무상교부주식 수의 증가로 1주(株)당 가치 감소.

dip 가격이 일시적으로 조금 하락.

direct financing 직접 금융.

direct paper 발행자가 직접 투자가에게 매출(판매)하는 발행 방식.
CP 등에 사용한다.

direct placement 발행자가 직접 투자가에게 매출(판매)하는 사채의 발행 방식.

dirty float 관리변동환율제(管理變動換率制).

disbursement(scheme) (대출금 등의) 실행(예정표).

discharge(of bankruptcy) 파산 수속 등의 종료, 법정관리에서 벗어남.

disclosure 기업공시(企業公示), 공시 내용(公示內容).
However, the carefully worded disclosure raised the questions about what will become of the 15.1% share in

the newspaper publisher that Rupert Murdoch will retain in the deal. 그러나 세심하게 만들어진 공시 내용을 읽어보면 앞으로 그 거래에서 Rupert Murdoch이 차지하게 될 15.1%의 지분은 어떻게 되는가 하고 의문을 제기하게 된다.

discount 할인.

discount bank(house) 할인은행(상사, 商社).

discount bond 할인채.

discount broker (미국 등의) 주식할인 취급업자.

discount charge(commission) 할인 수수료(割引手數料).

discount issue 할인발행.
  ◐ [참고] premium issue(할증발행).

discount rate 할인율(割引率).

discount window (미국 연방준비은행의) 금융조절창구(金融調節窓口).

discounted cashflow 장래에 발생할 현금 가치에 대해 현재 가치로 할인한 것.

discrepancy L/C 등의 기재 내용이 사실과 다르거나 부정확함.

discretionary account 일임매매계좌(一任賣買計座).

고객의 일임매매 요청에 따라 일정한 종목의 범위와 요건내에서 매매를 유발할 수 있는 계좌이다.

discretionary order 일임주문.

discretionary trust 투자고문신탁(投資顧問信託).

discriminating duty 차별관세(差別關稅).

dishonored 부도가 난.

dishonored check 부도수표(不渡手票).
  ○ 〔참고〕 rubber check 부도수표.

dishonored note 부도어음.
A dishonored note is a note that is not paid in full at maturity. A dishonored note receivable is no longer negotiable. 부도 처리된 어음은 만기에 전액 상환을 받을 수 없다. 따라서 부도 처리된 어음은 더 이상 거래가 되지 않는다.

disinflation 인플레의 진정 상태.

disintermediation 금융 조달 등에 있어서 중개자(예를 들면 은행)를 거치지 않고 직접 하는 것.

disposable income(profit) 가처분소득(可處分所得).

disposable profit 가처분이익(可處分利益).

dissolution 해약(解約).

distress selling 투매(投賣), 실망매물(失望賣物).
더 이상 주식 등의 가격이 오를 가능성이 희박해 보일 경우 무차별로 손해를 감수하고서라도 매도를 하는 것이다.

distribution 증권 판매(證券販賣), 배분(配分).

divergence 이탈(離脫), 이탈 국면(離脫局面).
Now, however, a short term divergence is present. 이제 단기 이탈 국면이 나타날 것이다.
Divergences can exist for quite some time while indices make actual progress and in some cases make new highs. 지표상으로는 상당한 상승이 있고, 신(新) 고가까지 나온다 하더라도 당분간은 이탈 국면이 있을 것으로 보인다.

diversification 분산, 확대, 다양화, 다각화.

diversified investment trust 분산투자형 투자신탁.

diversified portfolio 위험 분산형 포트폴리오.

divestiture 자산 · 투자 · 사업 등의 매각.

dividend 배당, 배당금(配當金).

dividend accrual period 배당 경과 기간.

dividend decrease 감배(減配).

dividend exclusion 배당금과 관련한 세액 공제.

dividend from capital 자본배당(資本配當).

dividend income 배당소득(配當所得).

dividend increase 증배(增配).

dividend notice 배당통지(配當通知).

dividend off 배당을 하지 않는.

dividend on 배당을 하는, 배당부(配當附)인.

dividend payout ratio 배당 성향(配當性向).

dividend rate(yield) 배당률(配當率).

dividend reinvestment plan 자동적으로 배당금을 재투자하는 투자 펀드.

dividends per share 1주당 배당금.

document 서류, 증서.

documents against payment 인수도(引受渡), 지불인도(支拂引渡).

documentary 서류상의.

documentary draft 화환(貨換)어음.

documentary letter of credit 환어음 신용장.

documentation 서류화(書類化), 문서화 작업.

domicile 거주지(居住地), 주소(住所).

domiciled bill 지불지정(支拂指定) 어음.

dominant principle 지배원리(支配原理).
위험이 같은 경우, 수익율이 높은 투자안이 수익 낮은 투자안을 지배하며, 수익율이 같을 경우, 위험이 적은 투자안이 위험이 큰 투자안을 지배한다는 위험과 수익율의 관계 원리이다.

dollarization 어느 특정 외화를 미국 달러로 바꾸는 것, 달러화(化).
The cost of dollarization, according to Yam are these : "loss of seigniorage, constraints on liquidity management." 얌 총재에 따르면 달러화의 대가는 화폐의 주권 상실, 유통성 조정 방법의 제한이다.

donated stock 증여주식(贈與株式).
주주가 회사에 주식을 무상으로 제공하는 것이다.

Don't fight the tape 대세 추세에 맞서지 마라.

미국의 경우 가격이 price tape에 나타나므로 tape란 가격 추세를 의미한다.
If stocks are falling, some analysts say it would be foolish to buy aggressively. Similarly it would be fighting the tape to sell short during a market rally.   주가 하락시에 주식을 적극적으로 사는 것은 위험하다고 애널리스트들은 경고한다. 마찬가지로 시장활황세 중에 공매도를 하는 것은 대세 추세를 거스르는 것이다.

dormant account   휴면계좌(休眠計座).

double bottom   쌍바닥.
기술적 분석 차트상 2회의 저점을 치는 형상이다.

double counting   이중계상(二重計上).
Sceptics will argue that much of this trade involves substantial double counting.   회의를 품고 있는 사람들은 이 거래의 상당 부분이 이중계상되어 있다고 주장할 것이다.

double dip   쌍바닥.

double option   2종의 옵션을 조합하여 하는 거래의 총칭.

double taxation   이중과세(二重課稅).

double top   쌍봉(雙峰).
기술적 분석 차트상 2회의 고점을 치는 형상이다.

doubtful loan 불량 대출(不良貸出).

Dow Jones Industrial Average 다우존스 산업 주가지수.
The Dow Jones Industrial Average, the most popular stock price indicator, finished the year at a record 3,168.83 having gained 20.3% for the year as a whole. 가장 흔히 쓰이는 주가지수인 다우존스 산업 주가지수가 1년 동안 20.3% 상승하여 3,168.83을 기록하였다.

down payment 선수금(先收金), 선불금.

downside risk 점점 악화되는 위험.

downward revision 하향조정(下向調整).
Economists at the Bank of Korea have made two successive downward revisions in their economic growth projections. 한국은행의 경제분석가들은 두 번씩이나 연속으로 경제전망을 하향조정했다.

draft 환어음.

Dragon bond 드래곤 본드.
주로 일본 이외의 아시아 지역 고객(주로 화교)을 대상으로 아시아기업이 발행하는 채권이며, 아시아 화폐로 호가되고 있고, 아시아의 증시에 상장되어 있다.
The Dragon bond market owes its existence to the remarkable rate of capital accumulation in East Asia.

드래곤 본드 시장은 동아시아에서 놀라울 정도로 자본금 축적이
이루어지면서 형성되었다.

drawback 세금 등의 환부(還附), 관세환급(關稅還給).

drawee 환어음 지급인, 어음 수취인.
The check was not honored by the drawee banker. 이 수
표는 수취 은행으로부터 거부당했다. 즉, 부도가 발생했다.

drawer 어음 발행인.

drift sideways 주가가 옆으로 기다, 횡보현상을 보이다.

drive up customer activated terminal(DUCAT) 차량 이용 현
금인출기(現金引出機).
한국의 경우, 시티은행의 반포지점이 최초에 설치한 것으로, 차
에서 내리지 않고도 현금인출이 가능하도록 한 오토뱅킹 시스템
(Auto-banking system)이다. 차량의 종류에 따라 높이를 조정
할 수 있도록 되어 있다.

DTB(Deutsche Terminborse) 독일 증권거래소.

DTC(Depositary Taking Company) 예금예탁증서를 발행할 수 있
는 기관.

DTC(Depositary Trust Company) 미국의 주권이체(株券移替) 기
관(금융기관).

dual currency bond 이중통화표시채(二重通貨表示債). 원금과 금리의 표시 통화가 다른 특수채이다.

DUCAT(Drive Up Customer Activated Terminal) 차량 이용 현금 인출기.

due 기한(期限), (~s) 요금(料金), 수수료.
  ○ 〔참고〕 harbor dues 입항세(入港稅), membership dues 회비(會費).

due date 만기일(滿期日).

due diligence(meeting) 공동서류검토회의(共同書類檢討會議).
채권 또는 주식을 신규로 발행할 경우 주간사(主幹事)가 발행회사 및 인수단과 갖는 모임으로, 이 때 각종 서류의 요건과 문안을 검토 확정한다.
The level of due diligence pursued by a lead manager will vary depending on such factors as the quality of the records and information made available by the issuer. 주간사 주재로 열리는 공동서류검토회의의 수준은 발행사가 제시한 기록과 정보의 질에 따라 달라진다.

dull 매매가 활발하지 못한 시장 상황.

dumping 덤핑, 투매(投賣).

duration 만기수익 회수기간(滿期收益回收期間), 채권의 가중평균 만기.

Dutch auction 값을 깎아 내려가는 경매.

duty 관세(關稅).

DVP(delivery versus payment) 증권인도 즉시 대금지급.

EA (Enrolled Agent) 미국 세무사.

each way 왕복 수수료.
팔고 사는 양측에 수수료가 붙는 것을 의미한다.

EAEC (East Asian Economic Caucus) 동아시아 경제협의체.

EAEG (East Asian Economic Grouping) 동아시아 경제권(東亞細亞 經濟圈).
말레이시아에서 제창한 유럽공동체와 유사한 성격의 아시아 지역 경제블록이다.

early withdrawl 조기해약(적금 등의).

earned income 이익소득(利益所得).

earned surplus 이익잉여금(利益剩餘金).

earnest money 증거금(證據金).
good-faith deposit이라고도 하며, 일정액어치의 유가증권 또는 금융상품을 사기 위한 최소 납입금이다.

earning 수익(收益).

earning assets 수익자산(收益資産).

earning deterioration 수익 감소(收益減少).

earnings before interest and tax(EBIT) 금리(이자) 및 세금 지불 이전의 수익.
보통 기업에서 원리금(元利金)의 지불능력을 나타내는 지표가 되곤 한다.

earnings-guaranteed beneficiary funds 보장형 수익증권.
The maturing earnings-guaranteed beneficiary funds were set up in Sep. 1990. 만기가 도래하고 있는 보장형 수익증권은 1990년 9월에 처음 만들어졌다.

earnings per share(EPS) 주당 수익률(株當收益率).

eased off 장세의 하락, 침체.

easy(money) 금융완화 상태.

EC(European Communities) 구주공동체(歐洲共同體), 유럽공동체.

ECAFE(The Economic Commission for Asia and Far East) 아시아 극동 경제위원회.

econometric models 계량경제(計量經濟) 모델.

economic 경제적인.

economic forecast 경제예측(經濟豫測).

economic growth 경제성장(經濟成長).

economic indicators 경제지표(經濟指標).

economic instability 경제 불안(經濟不安).

economic justice 경제 정의(經濟正義).
President Kim announced the government's decision to ban the use of false names in all financial transactions effective 8 p.m. yesterday in order to realize economic justice. 김 대통령은 경제 정의 실현을 위해 오후 8시부터 금융거래상 모든 가명 사용을 금지하기로 한 정부 방침을 어제 발표했다.

Economic Planning Agency (일본) 경제기획청(經濟企劃廳).

Economic Planning Board(EPB) 경제기획원(經濟企劃院).
현재는 재경부로 통합되었다.

economic system 경제체제(經濟體制).

ECU(European Currency Unit) 유럽 통화 단위.

유럽의 통합에 대비한 유럽공동체용 화폐 단위이다.

Edge Act Corporation 미국 Edge Act 법에 의해 주별(州別) 업무 금지(業務禁止)의 특례로서 다른 주에 인정된 은행지주회사.

edge up 소폭 상승(하다).
○ 〔참고〕 반) edge down 동) nudge up.

EDR(European Depositary Receipt) 유럽 예탁증서.
예탁증서(Depositary Receipt)의 발행 지역과 통용 지역에 따라 American, European, Asian, Hong Kong, Singapore, Global 등의 명칭을 붙인다.

effective date 발효일(發效日).

effective rate 실효금리(實效金利), 실질금리(實質金利), 실세금리(實勢金利).
정부나 금융기관의 공시 또는 명목금리가 아니고 실제 형성되는 금리이다.

effective yield 실제 수익률.

efficient market(hypothesis) 효율적 시장(이론).
시장 참가자의 합리적 행동을 전제로 하는 시장을 바탕으로 한 이론이다.

efficient portfolio 효율적 시장을 염두에 둔 포트폴리오.

elasticity of demand 수요탄력성(需要彈力性).

elasticity of supply 공급탄력성(供給彈力性).

electronic banking 은행 전산 업무(銀行電算業務).
전자통신기기를 활용한 은행 업무를 말한다.

electronic quotation board 전광판(電光板).
증권사 등에 설치되어 있는, 가격 변동을 쉽게 알아볼 수 있도록 하기 위해 설치된 장치이다.

eligible bill of acceptance 적격어음(은행인수 적격어음).

eligible investment 적정 투자(適正投資).

embargo 금수(禁輸).

embezzlement 횡령(橫領).

employee 근로자(勤勞者), 피고용자(被雇用者).

employee pension plan 종업원 연금제도(從業員年金制度).

Employee Retirement Income Security ACT(ERISA) 에리사법.
종업원 연금제도에 세금우대혜택을 주기로 한 제도이다.

employee stock ownership plan(ESOP) 우리사주제도, 종업원지주제(從業員持株制).

EMS(European Monetary System) 유럽통화제도.

encumberance 담보권 설정(擔保權設定).

endorse 이서하다.
Both parties must endorse the check. 쌍방이 모두 수표에 이서해야 한다.

endorsement 이서(裏書).
수표 등 유가증권의 이상 유무에 대비해 소지자(所持者)의 자필 서명, 연락처 등을 기입하도록 하는 것이다.

endorsement to order 지도식 이서(指圖式裏書).

endorsement without recourse 면책적 이서(免責的裏書).

endowment 기증(寄贈), 증여(贈與).

Enrolled Agent(EA) 미국 세무사.

enterprise tax 사업세(事業稅).

EOE(European Options Exchange) 유럽옵션거래소.

EPB(Economic Planning Board) (구)경제기획원(經濟企劃院).

equal installment method 정액법(定額法).

equilibrium price 균형가격(均衡價格).

equipment trust certificate 설비신탁증서(設備信託證書).

equity 주식, 주식지분(株式持分), 자기자본(自己資本).

equity capital 자본금(資本金), 주식자본.

equity financing 주식을 이용한 자본 조달.

equity infusion 지분통합(持分統合), 주식병합(株式倂合).

equity kicker 주식전환청구권(株式轉換請求權)의 속칭.

equity shareholder 주주.
 Equity shareholders are the one category of fund providers who generally enjoy the right to vote at meetings of their companies when important policy issues are decided. 주주란 중요 정책 사항을 결정할 때 의결권이 있는 자금 제공자를 의미한다.

equivalent bond yield 채권이율에 의한 수익률이 결정되는 것.

ERISA(Employee Retirement Income Security ACT) 에리사 법.

erosion of competitiveness 경쟁력 상실.

erratic 장세의 폭등락이 심한.

escalator clause 에스컬레이터 조항.
 임금계약 등에 있어서 물가 상승률에 따라 임금 인상폭을 맞추는 것을 말한다.

escrow 계약 이행 등을 중개하는 대리인의 계좌.

ESOP(employee stock ownership plan) 종업원지주제도, 우리사주제도.

estate 상속재산(相續財産).

estimated balance sheet 예상 자산부채현황표.

estimated financial statement 예상 재무제표.

estimated P&L statement 예상 손익계산서.

estimated tax 세액 견적서(稅額見積書).

Euro 유로시장의, 유로물(物), 유로시장 발행 금융상품의 총칭.
The standard US response is that the Treasury market offers unparalleled liquidity and efficiency which makes Treasuries impossible to comparable with Euros. 미국측의 반응은, 미국 재무성 채권시장은 유로물과는 비교도 할 수 없을 만큼의 시장 유동성과 시장 효율성이 풍부하다는 것이다.

Euro-currency 유로통화.

Euro-dollar 유로달러.
원래는 유럽에서 통용되는 달러를 의미했으나 차츰 미국 이외의 지역에서 거래되는 달러를 의미하게 되었다. 각국 통화단위의 유동성 확대로 Euro-Yen, Euro DM 등이 등장했으며, Euro Won도 곧 등장할 것으로 예상된다.

Euro-issue 유로시장에서의 기채(起債).

Euro-market 유로달러가 통용되는 시장.

European Communities(EC) 유럽공동체, 구주공동체.

European Currency Unit(ECU) 유럽통화단위.
발음은 [ekuː]로 한다.

European Depositary Receipts(EDR) 유로예탁증서, 구주예탁증서.
유럽에서 발행 또는 유통되는 예탁증서를 일컫는다.

European Monetary System(EMS) 구주통화제도(歐洲通貨制度).

European option 유럽식 옵션.
미국식 옵션이 만기일 이전에 언제든지 권리를 행사할 수 있는 반면, 유럽식 옵션은 만기일 또는 미리 정해진 날에만 권리 행사가 가능하다.

European Options Exchange(EOE) 유럽 옵션거래소.

even lot 단위주(單位株).

round lot이라고도 하며, 주문을 내기 위한 최소한의 일정 단위를 말한다.

event of default 채무불이행 사유(債務不履行事由).

evergreen credit 지속적인 신용공여(信用供與).

ex allotment 신주(新株)가 부가되어 있지 않은 상태, 신주락(新株落).

ex coupon 이표락(利表落).

ex dividend right 배당락(配當落).
배당청구권이 떨어진 상태를 말한다.

ex dividend warrant 신주인수권(新株引受權)이 없어진, 신주인수권낙(落).

excess 초과, 과잉, 잉여.

excess margin 규정 이상의 수수료.

excess reserve 규정준비금액(規定準備金額)을 상회하는 예금.

exchange 교환, 거래, 교환소, 환전.

exchange contract 외환계약(外換契約).

exchange control(law) 외환관리(법).

exchange distribution 거래소에서의 대량매매 배분처리 방법.

exchange equalization(stabilization) **fund** 외국환 평형기금.

exchange market 외환시장(外換市場).

exchange position 외환보유잔고(外換保有殘高).

exchange rate 환율(換率).

exchange risk 환위험(換危險), 환 리스크.

exchangeable bond 교환사채(交換社債).

execution 거래의 집행(執行).
주문을 접수하여 체결을 시키는 것을 말한다.

exercise 권리 행사를 하다.
Travelers ultimately paid $108 billion for a 9.5% stake and convertible bonds that can be exercised to give it an additional 15.5%. Traveler 사(社)는 9.5% 지분과, 행사할 경우 지분 15.5%를 추가로 확보할 수 있는 전환사채를 1080억 불에 샀다.

exercise limit 일정 기간 내에서 권리행사를 인정하는 거래량.

exercise price 권리행사 가격(權利行事價格).

expected holding period 기대보유기간 수익률(期待保有期間

受益率).

expected life 기대보유 연한수(期待保有年限數).

expiration 권리실효(權利失效), 만료기일(滿了期日) 도래.

export 수출(輸出).

export bill 수출어음.

export credit 수출금융(輸出金融).
수출신용(輸出信用).

Export-Import Bank of Korea(KEXIM) 한국 수출입은행(韓國輸出入銀行).

export license 수출 허가(輸出許可).

export usance 결제기일 연기 금융(決濟期日延期金融).

exposure 시장에서의 리스크(위험) 부담비용, 금액.

extendible maturity 연장가능만기(延長可能滿期).

extra dividend 특별배당(特別配當).

extraordinary gain 특별이익(特別利益).

extraordinary item 특별항목(特別項目).

extraordinary loss 특별손실(特別損失).

extravagant trend of consumption 과소비 추세.

face 액면(額面), 권면(券面).

face value 액면가격(額面價格), 액면가(額面價).
Buyers complained that salespeople didn't inform them of the risks, which left the bonds far below face value. 매입자들은 판매원들이 그들에게 위험에 대해 충분히 알리지 않았고, 결국 채권이 액면가 이하로 떨어졌다고 불평했다.

factoring 팩토링, 채권매매 취급업무(債券賣買取扱業務).

fail position(to deliver) 수도불능상태(受渡不能狀態), 이행되기 어려운 포지션.

fair market value 적정시장가격(適正市場價格).

Fair Trade Commission 공정거래위원회(公正去來委員會).

falling market 하락장세(下落場勢).

false-name account 가명계좌(假名計座).

fancy stocks 주가가 높은 주식.

FAS(Free alongside ship) 선측인도(船側引渡).

FDIC(Federal Deposit Insurance Corporation) (미) 연방 예금보험공사.
Not FDIC insured, possible loss of principle, past performance does not guarantee future results. 은행 보험국으로부터 보호를 받을 수가 없으며, 원금을 날려버릴 가능성도 있고, 과거의 투자수익률은 미래 투자를 보증하는 것이 아닙니다.

Federal Bankruptcy Act 연방파산법(聯邦破産法).

Federal Deposit Insurance Corporation(FDIC) 연방예금보험공사(聯邦預金保險公社).

Federal Funds(Rate) 시중 은행의 준비금 대출금리와 FRB의 공개시장 조작용 금리.

Federal Home Loan Banks 연방주택대부은행(聯邦住宅貸付銀行).

Federal Home Loan Mortgage Corporation 연방주택대부저당회사(聯邦住宅貸付抵當會社).

Federal Land Banks 연방토지은행(聯邦土地銀行).

Federal National Mortgage Association(FNMA) 연방저당은행(聯邦抵當銀行).

Federal Open Market Committee(FOMC) 연방공개시장조작위원회.

Federal Reserve Bank/Board(FRB) 연방준비은행 / 연방준비제도 이사회.

Federal Savings and Loan Insurance Corporation 연방저축대부보험회사.

Federation International des Bourses Valeurs(FIBV) 세계증권거래소연맹.

Federation of Korean Industries 전국경제인연합회.

Fedwire FRB를 이용하는 은행 간의 자금결제 시스템.

FHLM(Federal Home Loan Mortgage) 연방주택대부저당.

fictitious capital 가공자본(架空資本).

fictitious dividend 가공배당(架空配當).

fictitious profit 가공이익(架空利益).

fidelity bond 종업원의 부정이나 잘못으로 인한 손실을 보전하기 위한 보험.

blanket bond라고도 하며 증권회사는 의무적으로 가입해야 한다.

fiduciary capacity 신탁권한(信託權限).

fiduciary contract 신탁계약(信託契約).

fiduciary estate 신탁재산(信託財産).

fiduciary power 신탁권한(信託權限).

field warehousing 담보물을 관념적으로 창고에 둔다는 재고금융(在庫金融)의 일종.

fight to stay above(=struggle to stay above) ~을 유지하기 위해 안간힘을 쓰다.
Through the morning, the market fought to stay above 700 point level. 전장 내내 장세는 700 포인트 대를 유지하려고 애쓰는 모습이었다.

fill or kill order 즉시집행주문(卽時執行注文).
주문을 받는 즉시 처리를 하지 않으면 주문이 무효가 되는 주문을 말한다.

final maturity 만기(滿期), 최종만기(最終滿期).

final prospectus 최종 사업설명서.

final result 연말 실적.
Amoy Properties Ltd — Final Results Were Better Than Expected. (주)아모이 부동산—연말 실적이 기대보다 훨씬 양호.

final value(of annuity) 연금의 종가(終價).

finance 금융, 자금 조달, 재무.

finance charge 금융 관련 수수료.

finance capitalism 금융자본주의.

finance company 파이낸스 사.

Financial Accounting Standard Board(FASB) 기업재무회계기준심의회, 미국 회계표준위원회.

financial advisor 재투자·자금 조달 관련 상담자.

financial analysis 재무분석(財務分析).

financial analyst 재무분석가(財務分析家).

financial assets 금융자산.
It well sums up the approach by President Kim in August when he announced that South Koreans can no longer hide their financial assets behind phoney

names. 8월에 김 대통령이 한국인은 더 이상 가명으로 금융자산을 은닉해 둘 수 없다는 선언을 한 것은 (김 대통령이) 앞으로 어떻게 일처리를 해나갈 것인지 잘 밝힌 것이다.

financial condition 재무상황.

financial crisis 금융공황(金融恐慌), 자금난(資金難), 자금 위기(資金危機).

financial cross-guarantee 상호지급보증.

financial expense 금융비용(金融費用).

financial futures 금융선물(金融先物).

Financial Futures Market Amsterdam 암스테르담 금융선물거래소.

financial institution 금융기관(金融機關).

financial instruments 금융상품(金融商品).

Financial Instruments Exchange(FINEX) 금융상품거래소. 뉴욕 면화 거래소 산하에 있다.

financial intermediaries 금융중개업자(金融仲介業者), 금융중개기관.

financial interrelation ratio(FIR) 금융연관비율(金融聯關比率,

국내 금융자산/경상 GNP).

financial lease 리스 형식을 사용하는 금융 거래.

financial management 재무관리(財務管理).

financial market 금융시장(金融市場).

financial planning 재무계획(財務計劃).

financial policy 재무정책(財務政策).

financial ratios 재무비율(財務比率).

financial report 재무제표(財務諸表).

financial risk manager(FRM) 금융 위험 전문관리자.
1997년부터 금융 위험을 체계적으로 관리하기 위하여 미국의 GARP(Global Association of Risk Professionals)에서 주관하는 시험에 합격한 사람을 지칭한다.

financial share(stock) 금융주(金融株).
은행, 보험, 증권, 리스 등을 취급하는 회사의 주식, 또는 소극적 의미에서 은행주(銀行株)만을 가리키기도 한다.
Financial stocks should remain a risky sector given large nonperforming assets. 상당 규모의 비활성 자산을 고려해 볼 때, 금융주는 상당히 위험부담이 큰 업종임에 틀림이 없다.

financial statements 재무제표(財務諸表).

Financial Supervisory Commission 금융감독위원회.

Financial Supervisory Service 금융감독원.
The Financial Supervisory Service, a financial watchdog, says it has set up a separate monitoring unit just to focus on the Buy Korea Fund and its impact on the market. 금융감독기관인 금감원은 별도의 모니터링 팀을 만들어 바이 코리아 펀드와 그 영향에 대해 조사하기로 했다.

financial year 회계년도(會計年度).

finder 거래 상대방, 알선자(斡旋者).

finder's fee 거래 상대방 알선수수료.

FINEX(Financial Instruments Exchange) 금융상품거래소.

finished goods 완성재, 완제품.

Finnish Options Market(FOM) 핀란드 옵션거래소.

FIR(financial interrelation ratio) 금융연관비율(金融聯關比率).

fire-sale, firesale 불난 뒤 타다 남은 물건들의 급매 처분, 급매.
A typical reaction to the anti-corruption campaign was legislator Lee's property fire-sale. 이의원이 소유하고 있던

부동산을 급매 처분한 것은 부패척결운동에 대한 전형적인 반응이라 볼 수 있다.

fire wall 자회사(子會社)와 모회사(母會社) 간의 정보 차단벽.

firm 기업체, 사업법인(事業法人).

firm bid 확정된 매수호가(買受呼價).

firm commitment 매수(買受) · 인수(引受)에 대한 최종 약속.

firm offer 확정된 매도호가(賣渡呼價).

firm order 확정주문(確定注文).

firm price 확정가격(確定價格).

firm rate 확정이율(確定利率).

first board 전장입회(前場立會), 제1부.

first-infirst-out method (FIFO) 선입선출법(先入先出法).
상품의 반입, 판매에 있어서 회계상 먼저 반입된 순서에 따라서 판매된 것으로 처리하는 방법을 말한다. 이와는 반대로 나중에 반입된 것을 먼저 처리하는 것을 후입선출법(後入先出法, last-infirst-out method)이라 한다.

first mortgage bond 제1순위 저당권부 사채(抵當權附社債).

first preferred stock(share) 제1우선주(優先株).

fiscal agent 재무대리인(財務代理人).

fiscal deficit 재정적자(財政赤字).
The failure to resolve the fiscal deficit may curb government spending. 재정적자 해결에 실패함으로써 정부지출이 제한을 받게 될지도 모른다.

fiscal policy (국가의) 재정정책(財政政策).

fiscal year 결산년도(決算年度), 회계년도(會計年度).

fixed annuity 정액연금(定額年金).

fixed assets 고정자산(固定資産).

fixed assets ratio 고정자산비율(固定資産比率).

fixed capital 고정자본(固定資本).

fixed capital formation 고정자본 형성.
Real fixed capital formation in forecast to grow 7% in 1994 compared with an estimated 7.5% in 1993 and 9.9% in 1992. 실질적인 고정자본 형성은 1992년의 9.9%, 1993년의 7.5%에 대비하여 1994년에는 7% 정도가 될 것으로 예측된다.

fixed charge 고정비용(固定費用).

fixed costs 고정비용(固定費用).

fixed exchange rate 고정환율(固定換率).
  ○ 〔참고〕 fixed rate of exchange 고정환율.

fixed-income bonds 확정금리부 채권(確定金利附債券).

fixed income securities 확정금리부 증권(確定金利附證券).
  변동금리부 증권(變動金利附證券, floating rate income securities)과 대칭되는 용어이다.

fixed investment 고정투자

fixed liabilities 고정부채(固定負債).

fixed parity system 고정평가제(固定平價制).

fixed payment loan 할부지급대출(割賦支給貸出).

fixed rate 고정금리(固定金利).

fixed rate loan 고정금리대출(固定金利貸出).

fixed rate method 정율법(定率法).

fixed ratio 고정비율(固定比率).

fixed (unit) trust 투자 대상이 미리 정해져 있는 투자신탁.

fixing (the price) 가격조건 결정.

fixture 고정물(固定物).

flag 'pennant 형'이라고도 하는 깃대 모양의 기술적 지표에 해당하는 유형.

flat 경과이익이 매매가격에 포함되어 있는, 가격 등의 변동이 전혀 없는.
Mr. Yashiro claims revenue at the branch is growing at 30% to 35% a year, while expenses are flat. 야시로 씨는 그 지점의 비용은 변동이 전혀 없는 반면, 수익은 매년 30%에서 35%씩 오르고 있다고 주장한다.

flat market 가격의 변동이 없는 시장 상황.

flier 등귀(騰貴), 투기.
I've also thought of taking a flier on some common stocks, if I could find a good growth industry. 좋은 성장주를 찾아내기만 하면 투기를 해 볼까 생각해 봤습니다.

flight of capital 자본 도피(資本逃避).

flight to quality 신용도가 높은 증권 쪽에 투자 자금을 옮기는 것.

float 증권 발행(證券發行), 증권을 발행하다.
Maanshan Iron & Steel Co. will become the fifth and the biggest of the nine Chinese companies to be floated. 마안산 강철회사는 증권 발행을 하게 될 9개 중국 기업 중 다섯 번째 회사가 될 것이며, 그 중 규모가 가장 크다.

floater 발행사(發行社).
변동금리부 사채(變動金利附社債)의 약칭이다.

floating 변동성(變動性)의.

floating charge 부동담보(浮動擔保).

floating exchange system 변동환율제도(變動換率制度).

floating interest 변동금리(變動金利).

floating rate 변동금리(變動金利).

floating rate certificate deposit(FRCD) 변동금리부 CD(양도성 예금).

floating rate note(FRN) 변동금리부 사채(變動金利附社債).

floating stock 부동주(浮動株), 등락이 심한 주식.

floor 입회장(立會場), 스왑(swap) 거래의 하한 금리, 바닥(가장 낮은 금액).

With that as a floor, the price of the tender shares could easily top 30 times earnings if demand for the stock is as strong as expected. 그 정도 수준을 바닥으로 하여 그 주식의 매매 가격은 수익의 30배를 뛸 것이다. 만일 그 주식에 대한 수요가 기대만큼 크기만 하다면 말이다.

floor broker 장내(場內) 브로커.

floor trader 장내(場內) 브로커.

flow of funds(accounts) 자금 운용(표).

flower bond 미국이 과거에 발행한 상속세 납입용의 특별 사채.

fluctuation limit 가격 제한폭.

FNMA(Federal National Mortgage Association) 연방저당금고. 미국에서 제1차 대출 기관인 주택금융기관과 투자가를 연결시켜 주는 유동화 중개기관 중의 하나이다.

FOB(Free on Board) 본선인도(本船引渡).

FOM(Finnish Options Market) 핀란드 옵션거래소.

FOMC(Federal Open Market Committee) 미국 연방준비제도이사회 (FRB) 산하의 공개시장위원회.

football team 인수단 이름 및 주소의 애칭.

The term 'football team' is the names and addresses of organizations involved in the issue. '풋볼 팀' 이란 용어는 발행과 관련된 기관의 이름과 주소를 의미한다.

forced sale 강제 매각(強制賣却), 반대 매매.

foreclosure 저당권 집행(抵當權執行).

foreign aid 해외 원조.

foreign bills 외국환 어음.

foreign bond 비거주자가 국내 시장에서 발행하는 채권.

foreign capital 외자(外資).

(the) Foreign Capital Inducement Act of Korea(FCIA) 외자 도입법(外資導入法).

foreign correspondent 외국 은행과의 자금환(資金換) 거래제 휴계약.

foreign currency deposit(account) 외화예금(外貨預金).

foreign currency reserve 외화보유고.

(the) Foreign Corrupt Practices Act (미) 해외 부패방지법, 해외에서의 뇌물공여금지법.

Under the Foreign Corrupt Practices Act of 1977, all

major US corporations are required to maintain an adequate system of internal control. Companies that fail to comply are subject to fines, and company officers may be imprisoned. 1977년 해외 뇌물공여금지법으로 대부분의 미국기업들은 내부 통제의 적합한 체제를 유지하여야 한다. 그렇지 않은 기업들은 벌금이 부과되고, 임원들은 구속당할 수 있다.

foreign direct investment(FDI) 외국인 직접투자.

foreign exchange(FX) 외국환(外國換).

foreign exchange bank 외국환 은행.

foreign exchange contract 외국환 계약.

foreign exchange control 외국환 관리.

foreign exchange futures 외화선물(外貨先物), 통화선물(通貨先物).

foreign exchange market 외환시장(外換市場).

foreign exchange position 외환잔고, 외환 포지션.

foreign exchange reserves, FX reserves, foreign reserves. 외환보유고.

foreign investors 외국인 투자가.

foreign tax credit system 외국세액 공제제도(外國稅額控除制度).

forex dealer 외환 딜러.

forfeited stock 실권주(失權株).

forfeiture 몰수.

forfeiture penalty 계약 등의 불이행으로 계약금 등의 일부를 뜯기는 것, 또는 뜯기는 돈, 위약금.
In Jan 1999. before filing his 1998 income tax return, Raff incurred a forfeiture penalty of $500 for premature withdrawl of the funds. 1998년도 납세 신고서를 작성하기 전인 1999년 1월, 래프는 기금의 일부를 만기 이전에 찾았다고 500달러를 조기환불 벌금조로 뜯겼다.

forged check 위조 수표(僞造手票).

formula investing 일정한 모델에 따라 투자하는 한 방법.

forward 선도거래(先渡去來), 선물환거래(先物換去來).

forward contract 선도거래계약(先渡去來契約).

forward delivery 선도(先渡).

forward exchange contract 선물환예약거래(先物換豫約去來).

forward exchange dealing 선물환예약거래.

forward exchange transaction 선물환예약거래.

forward interest rate 금리 곡선을 예측한 장래의 일정 기간의 금리 수준.

forward position 선물환 보유고.

founder's stock 발기인주(發起人株).

fourth market 비상장주(非上場株)를 거래하는 시장. 대규모 증권 거래를 할 경우 중개수수료를 절약하고자 기관투자가간에 직접 컴퓨터를 통해 증권거래소 밖에서(장외에서) 매매하는 것을 의미하는 가공의 시장.

FOX(London Futures & Options Exchange) 런던 선물·옵션거래소.

fractional order 단주 주문(端株注文).

fractional share 단주(端株).

franchise 영업 판매 정책의 한 가지로 독립 경영을 하지만 상호 업무 제휴를 하는 것.

franchise tax (미국의) 사업세(事業稅)에 대한 호칭.

FRB(Federal Reserve Bank/Board) (미국의) 연방준비제도이사

회.

FRCD(Floating Rate Certificate of Deposit) 변동금리부 양도성 예금증서.

free alongside ship(FAS) 선측인도.

free economic zone(FEZ) 경제특구(經濟特區).

freefall 속락(續落).
The stock market had been in a freefall since February.
2월 이래 주식시장은 속락 상태를 보여왔다.

free of delivery 수도(受渡)를 동반하지 않은 지불.

free of payment 지불을 동반하지 않은 수도(受渡).

free on board 본선인도.

free riding 무임승차, 재화(財貨) 등을 이용 대가를 지불하지 않고 사용하는 것.
(미국) 주식을 매입 또는 매도할 자금 여력이 없으면서 거래하는 행위로, 적발시 90일 간의 계좌매매 중단을 당하게 된다.

free trade 자유무역(自由貿易).

free trade zone 자유무역지역(自由貿易地域).

frenzied buying '무작정 사자'는 분위기, 매수일색.

Frenzied buying propels London stocks. 무조건 사고 보자는 분위기가 런던 증시를 밀어붙이고 있다.

FRN(Floating Rate Note) 변동금리부 사채.

front-end load, front-end fee(=up-front fee) 선취수수료(先取手受料).
There may be a front-end load on a mutual fund which is sold by a broker. Annuities, life insurance policies, and limited partnerships can also have front-end loads. 증권사에서 판매하는 뮤추얼 펀드에도 선취수수료가 있다. 연금, 생명보험 및 제한적 파트너십에도 선취수수료가 있을 수 있다.

frozen account 거래동결계좌(去來凍結計座).

FTA(Financial Futures Market Amsterdam) 암스테르담 금융선물거래소.

F. T. Industrial Ordinary Stock Indices 영국의 주가지수.

full coupon bond 시장 금리에 가까운 쿠폰이 부착된 사채.

full disclosure 정보의 완전 공개.

full faith and credit 국가의 지불 서약(支拂誓約).

full-lot 뉴욕 증권거래소의 매매 단위.

fully diluted earnings per share 잠재주식을 포함한 1주당 수익률.

fund management 투자고문(投資顧問).

fundamentals 기본적 여건, 기초 여건.
However, such a recovery would be difficult to sustain without more solid improvement of investor sentiment, market liquidity, and economic fundamentals. 그러나 그러한 회복은 보다 더 확고한 투자 심리의 호전(好轉)과 시장 유동성, 그리고 경제적 기본 여건의 향상 없이 유지되기 어려울 것이다.

fundamental analysis 기본적 분석, 경제 상황과 기업 내용 등을 분석하여 장세를 분석하는 것.

funded debt (장기) 채무(債務).

funding 자금 조달.

funds leakage 자금 유출.
Officials have taken steps to plug more possible sources of funds leakage. 정부 관계자들은 가능성이 있는 더 많은 자금 유출 통로를 봉쇄해 버렸다.

funds statement 자금운용표(資金運用表).

fungibility 대체가능성.

fungible securities 대체가능 증권(代替可能證券).

future value 미래가치(未來價値).

futures 선물(先物).

futures commission merchants(FCM) 선물거래 중개사의 일종.

futures contract 선물계약(先物契約).

futures market 선물시장.

futures trade 선물거래.

futures transaction 선물거래.

gadfly in the annual meeting 총회꾼.
일본어에서 유래된 sokaiya(總會屋)라는 단어를 쓰기도 한다.

gain 이익, 수익 (주가, 가격 등이) 소폭 상승(하다).
While this is a short-term divulgence the market could continue to gain amid this background in the third quarter. 이러한 단기이탈 국면 속에서도 3/4분기 중의 장세는 지속 상승을 할 것으로 예상된다.

gamble 투기, 투기매매.

gap 운용·조달상의 기간·금액 등의 차이.

gap analysis 자산·부채 종합관리기법(ALM)에서 금리감응도(金利感應度) 분석기법.

gap management gap analysis를 이용한 리스크(위험) 관리.

GARP(Global Association of Risk Professionals) 금융위험 전문 관리자협회.

GDR Global Depositary Receipts(국제예탁증서)로 'GDS 몇 주'를 표시하는 지분증서.

GDS Global Depositary Shares(예탁증권).
DR 발행을 미국 Rule 144 A에 의한 미국 내 사모발행 부분과 미국 외 국제공모 부분으로 나누어 하는 경우 GDR의 모(母)상품이 되는 것으로, 실제 발행되는 것은 아니고 가상의 매개증권으로 결제기구를 통해 자동이체 시스템(Book-entry System)으로 거래한다.

gearing ratio 배율(倍率).
지렛대 효과를 나타내는 Gearing의 비율을 말하는 것으로, 직접 주식을 사는 것보다 Warrant를 매입하는 것이 투자효율이 얼마나 더 높은지를 나타내며, 주가/1주당 Warrant 가격을 계산하여 구할 수 있다.

GEM(Growth Enterprise Market) (홍콩) 성장 전망이 높은 소형 기업 위주의 주식거래시장.

general account 일반회계(一般會計).

General Agreement on Tariffs and Trade(GATT) 가트(관세와 무역에 관한 일반협정).

general ledger 총계정 원장(總計定元帳).

general meeting 주주총회(株主總會).

general mortgage(bond) 일반담보부 사채(一般擔保附社債).

general obligation bond 미국 주정부에서 발행하는 일반재원채(一般財源債).

general partner 무한책임사원(無限責任社員).

General Securities Exam(GSE) 주식브로커 자격시험.
뉴욕증권거래소(NYSE)에서 최초로 도입되어 NASD의 인정을 받게 된 일종의 주식 브로커 자격시험으로, 본 시험을 거쳐 증권회사에 4개월 간 정식 근무시 자격증(stockbroker's license)이 발급된다.

generally accepted accounting principle(GAAP) 미국 기업 회계원칙.

Gensaki 현선거래(現先去來) 채권매입시 약정부로 하는 매매.

GFDOF(Guarantee Fund for Danish Options and Futures) 덴마크 선물·옵션거래소.

ghost stock 유령주.
차입되지 않은 상태에서 공매도된 주식이며, 따라서 매입자에게 양도될 수 없다.

GIC(Guaranteed Income Contract) 보험회사에서 발행하는 확정 금리부채(確定金利附債)와 유사한 보험계약(保險契約).

gilt-edged(securities) 영국 국채(英國國債).
사채권의 바깥쪽 테두리에 금박이 입혀져 있어서 유래된 명칭이다.

give up, give-up 수수료 배분, 매각처분.
고객의 주문집행시 다른 브로커를 경유하여 매매할 경우 수수료를 나누는 것을 말한다.

give-up stage 매각처분 시기.
A prime example of this occurred in Hong Kong, but what normally develops in this sort of scenario is a give-up stage — a sell — off which usually develops in big percentages. 이러한 전형적인 예는 홍콩에서 일어났다. 그러나 대부분 이럴 경우 매각 처분 시기, 즉 상당 물량을 팔아치워야 하는 경우가 되는 것이 보통이다.

Glass Steagal Act of 1933 (미국) 1933년 은행법.
은행과 증권사의 업무 영역을 엄격히 구분, 규정하는 법률이다.

Global Association of Risk Professionals(GARP) 금융위험전문관리자협회.
1997년부터 금융위험을 체계적으로 관리하기 위하여 금융위험전문관리자(Financial Risk Manager) 시험을 주관한다.

global bond 통상 temporary global bond(임시채권)라고 함.
납입시에 발행하는 채권으로 보통 1매의 권면(券面)에 발행규모 및 발행사 약관 등이 기재되어 있고, 납입 후 40일 정도에 정식 채권(definitive bond)과 교환하게 되어 있다.

GNMA(Government National Mortgage Association) 정부 저당 금고.

gnomes of Zurich 취리히의 작은 악마.
스위스 증시의 투기성을 나타내는 비유이다.

GNP(Gross National Product) 국민총생산(國民總生産).

go-go stock 상승을 계속한 주식, 상한가 행진을 계속한 주식.
Analysts who follow the company said the go-go stock may soon encounter selling pressure, because, in their view, much of the good news has already been discounted. 그 종목을 눈여겨 본 분석가들은 그 동안 상한가 행진을 계속해 오던 그 종목이 조만간 매물 압박을 받으리라고 말한다. 왜냐 하면 대부분의 호재가 이제는 그 매력을 잃었기 때문이다.

go short 공매도(空賣渡)를 하다.
미리 주식이나 채권을 매도하고, 가격이 하락하면 다시 사서 상환하는 것을 말한다.
What does it mean to go short of a bond? In simple terms, you go short if you sell a bond you do not own. 채권공매도란 무엇인가. 간단히 말해 소유하고 있지 않은 채권을 파는 것을 공매도라 한다.

go under 부도가 나다, 망하다, 도산하다.
They must sell their shares for a slim profit if they are to avoid going under or government bonds. 망해서 정부 구제기금이나 받는 신세가 되지 않으려면 작은 이익이기는 하지만 주식을 팔아야 한다.

going concern 기업(사업의 연속성이 유지되는 상태의 기업).

going private 주식사모(株式私募).
주식을 일반 대중에게 공개 모집하는 것이 아니고, 특정 개인(법인)에게만 인수(引受)에 참여할 수 있도록 기회를 제공하는 모집 방식이다.

going public 주식공모(株式公募), 주식공개(株式公開).

gold and foreign exchange reserve 금 및 외환보유고.

gold bond 금화채권(金貨債權).

gold certificate 금증권(金證券).

gold fixing 금 거래소에서의 가격 결정.
브로커가 가격을 결정한다.

gold parity 금의 평균가격.

gold standard(system) 금본위(제)(金本位制).

golden cross 골든 크로스.
기술적 분석에서 자주 사용되는 용어로 가격 대상승을 예고하며, 단기 이동 평균선이 장기 이동 평균선을 상향 돌파할 때 형성된다.

golden handcuffs 황금수갑.
능력이 탁월한 브로커 또는 세일즈맨을 끌어오기 위해 제공하는 보수(報酬)를 말한다.

golden parachute 적대적 매수에 대항하여 기업을 보호하기 위해 개발된 전 임직원에 대한 많은 액수의 보수 조항.

good delivery 시기에 맞춰 실행한 유효 적절한 수도(受渡).

good-faith deposit waiver 위탁증거금 면제기관.

good this month (GTM) order 주문을 낸 해당월에 대해서만 유효한 주문.

good-till-cancelled (GTC) order 취소주문을 낼 때까지 유효한 주문.

good value(money) 바로 현금 동원이 가능한(자금화가 가능한) 자금.

goodwill 영업권(營業權).

gossip, rumor and hype 온갖 풍문, 루머.

After months of gossip, rumor and hype, the Government is preparing to launch the initial public offering of 6% to 8% of the shares in state-owned Singapore Telecommunications Pte. Ltd. as early as Friday. 몇 개월 간 온갖 풍문이 나돈 끝에 정부는 현재 국유인 싱가포르 통신사의 신주공모를 오는 금요일에 준비하고 있다고 밝혔다.

government agency securities 정부기관증권(政府機關證券).

Government National Mortgage Association(GNMA) 미국 정부저당금고(政府抵當金庫).

government obligation 정부보증사채(政府保證社債)의 통칭.

government securities(bond) 정부증권(政府證券).

grace of payment 지불유예(支拂猶豫).

grace period 지급불능 사태 발생 후 허용되는 지불유예기간(支拂猶豫期間), 거치기간.

grandfather clause 기득권 조항(旣得權條項).
For example, an opinion of FASB adopted in 1970 requires that business amortize goodwill. The opinion contains a grandfather clause, however, which exempts goodwill acquired before 1970 from the required amortization. 예를 들어 1970년의 FASB(미국 회계표준위원회) 안

에 따르면 사업체는 영업권을 상각하도록 규정하고 있다. 그러나 그 권고안에는 1970년 이전에 취득한 영업권에 대해서는 상각을 하지 않아도 좋다는 기득권 조항을 담고 있다.

gray market 회색 시장(灰色市場, grey market).

greenback 미국 달러의 속칭.
미국 달러가 색깔이 초록색이라는 데서 유래하였다.

greenmail M&A 시장에서 흔히 기업침략자(raiders)라 불리는 자들이 목표 기업을 선정하여 tender offer로 주식을 매입한 후 경영권 인수를 위협하는 경우가 있는데, 이 때 목표 기업의 경영진들은 경영권을 잃지 않기 위해 기업 침략자들이 보유하고 있는 주식을 프리미엄(premium)을 주고 되사려고 하는 것.

grey market 회색 시장(灰色市場).
새로 발행되는 채권의 선물시장으로서, 새로운 증권의 발행에 대한 공고일과 최종적으로 증권을 발행하고 서명날인을 하는 날 사이의 기간 동안 시장 참여자 간에 선물계약의 형태로 거래되는 시장을 말한다.

gross consideration 약정(約定), 증권회사에서 영업사원이 영업활동의 일부로서 팔거나 사들인 주식 또는 채권의 총액.
It was the only domestic firm to record a gross consideration on over 1 trillion Won. 그 회사는 최초로 1조 원 약정을 돌파한 유일한 국내 업체이다.

Gross National Product(GNP) 국민총생산(國民總生産).

gross profit 매출총이익(賣出總利益), 매상총이익(賣上總利益).

gross sales 총매상고(總賣上高), 총판매량(總販賣量).

gross spread 발행가격과 발행회사가 수취한 순발행대금과의 차액.

gross-up 원천징수세분을 세금 이전의 이익을 붙여 올리는 것.

ground-breaking ceremony 기공식(起工式), 시공식(始工式).

growth-first policy 성장우선론(成長優先論).
○ 〔참고〕 stability-first policy 안정우선론(安定優先論).

growth-firster 성장우선론자(成長優先論者).
○ 〔참고〕 stability-firster 안정우선론자.

Growth Enterprise Market(GEM) 홍콩에서 미국의 나스닥장(NASDAQ)에 경쟁하기 위해 아시아권의 첨단 소형기업 위주로 자금조달을 하기 위해 1999년 11월에 발족시킨 전자증권 거래시장.

growth fund 성장형 펀드.
향후 성장 가능성이 높은 종목 위주로 주식을 매입하는 펀드.

growth prospects 성장 전망(成長展望).

growth stock 성장주(成長株).
Some companies reinvest most of their profits back into the business in order to expand and strengthen it. As a result, companies that pay little or no dividend are called 'growth stock' because investors expect the company to grow and the stock price to grow with it. 어떤 기업들은 수익을 다시 사업에 재투자하여 사업 확장과 강화를 꾀한다. 그 결과로 배당금을 거의 지급하지 않거나 전혀 지급하지 않는 기업을 '성장주'라고 부른다. 왜냐하면 투자가들은 해당 기업의 성장과 함께 주가도 같이 올라갈 것으로 내다보기 때문이다.

GSE(General Securities Exam) 주식브로커 자격시험. Series 7이라고도 한다.

GTC(Good-till-cancelled order) 취소시한까지의 유효주문. open order라고도 하며, 고객이 자신이 제출한 주문을 취소하거나 브로커가 동(同) 주문을 집행할 때까지 유효한 주문이다.

GTM(good this month order) 당월 유효주문(當月有效注文).

Guarantee Fund for Danish Options and Futures(GFDOF) 덴마크 선물·옵션거래소.

guaranteed bond 보증사채(保證社債). 발행회사가 아닌 제3자가 원리금 지급을 보증하는 사채이다.

guaranteed income contract(GIC) 보험회사가 발행하는 확정

이자부 채권과 유사한 보험계약.

guaranteed securities 보증증권(保證證券).

guaranteed stock 보증주(保證株).
기업의 이윤에 관계없이 정부, 모회사, 금융기관 등이 이익배당 지급을 보장하는 주식이다.

guaranty 보증(保證).

guideline 지침, 행정지침(行政指針).

gun jumping 내부자 거래의 일종으로, 정보가 공개되기 전에 증권거래를 하는 행위.

haircut 유가증권가치 평가시 순자본 계산을 위해 적용하는 헤어컷 비율, 증권담보금융에서 이용되는 담보가치의 기준, 담보가치 평가 기준.
The haircut varies according to the classes of a security, its market risk, and the time to maturity. For example, cash equivalent GOVERNMENTS could have a 0% haircut, equities could have an average 30% haircut, and fail position(securities with past due delivery) with little prospect of settlement could have a 100% haircut. 헤어컷 비율은 유가증권의 종류, 시장위험, 만기까지의 잔존기간에 따라 달라진다. 예를 들면 현금과 다름없는 정부채는 0%의 헤어컷을 갖고, 주식은 평균 30%의 헤어컷을 갖고, 수도결제가 될 가능성이 거의 없는 유가증권 포지션(position)은 100%의 헤어컷을 적용한다(즉, 순자본에서 해당비율만큼의 금액을 덜어내는 것을 의미한다).

hammering the market 물량 쏟아붓기, 물량 퍼붓기.
대주주가 소유 주식을 대량으로 팔아치우는 것을 말한다.

hard currency 신용력이 높은 통화, 지폐에 대한 대칭으로서의 경화(硬貨).
The Chinese government itself is aware of such concerns. In recent months it has tightened controls on foreign exchange dealings and tried to prevent hard currency from leaving the country illegally. 중국 정부도 그런 문제를 잘 인지하고 있다. 최근 중국은 외환거래에 대한 통제를 강화하여 불법으로 경화가 빠져나가지 못하도록 노력하고 있다.

head and shoulders 차트 분석에서 정점(peak)을 나타내는 머리, 어깨.

heavy market 거래량이 많은 시장

heavy trading 거래량이 많은, 거래가 활발한.
The Korea Stock Exchange's index rose 17 points on 13 October, clearing the 740 point level on heavy trading. 10월 13일 한국 증시는 거래량이 활발한 가운데 17 포인트가 올라 740 포인트대를 돌파했다.

hectic 거래가 활발한.
The tension constantly builds during hectic trading on a busy day. 거래가 활발한 바쁜 나날 가운데 긴장이 계속 쌓인다.

hedge 노출된 가격변동 위험을 관리하기 위한 위험 회피.

hedge clause 면책조항(免責條項).
추천 종목의 팸플릿 등에 삽입되는 조항. '~에 대해 책임지지 않습니다' 라는 문구로 되어 있다.

hedge fund 헤지형 투자신탁.

hedge ratio 헤지 비율.

hedging transaction 헤지 거래.

hell-or high-water contract 대규모 프로젝트 등의 자금 조달을 위해 이용되는 프로젝트의 추진 기업이 공여하는 상거래계약의 형식을 위한 실질 보증계약.

HKIBOR(Hong Kong Inter Bank Offered Rate) 홍콩 은행 간 금리.

hidden assets 미실현 자산(未實現資産), 은닉자산, 부외자산(簿外資産).

hidden reserves 비실현 잠재자산(非實現潛在資産)).
Elements like hidden reserves and a strong relationship with a main bank do not appear on a balance sheet. 비실현 잠재자산이나 주거래 은행과의 강한 유대관계 등과 같은 요소들은 대차대조표에 나타나지 않는다.

high 신고점(新高點).
While the market could challenge the highs from here,

we would use strength to sell. 현시점에서 장세는 신고점을 향해 나아가겠지만, 우리는 파는 데 힘을 쏟고자 한다.

high flyer 갑자기 가격이 급등하는 주식.

high liver 고소득 생활자.
He says he is a neither high liver nor consumed with a desire to have a great wealth. 그는 고소득자도 아니고 큰 부(富)를 얻고 싶은 야심을 가지고 소비생활을 하지도 않는다고 밝혔다.

high net worth customer 큰손 고객, 특별우대 고객, 큰 부자.
The company's client base falls basically into four categories : local and multinational financial institutions, major local and multinational corporations, high net worth customers, foreign investors. 그 회사의 주요 고객층은 기본적으로 국내외 금융기관, 국내외 대기업, 큰부자 외국인 투자자의 4가지 종류이다.

high net worth individual 큰 개인 고객, 투자 금액이 큰 규모의 개인 투자가, 큰 손을 점잖게 표현하는 말.
Banks in Singapore are doubling their efforts to high net worth individuals to park their money in their vaults. 큰 고객의 자금을 자신들의 금고에 유치하기 위해 싱가포르 은행들은 노력을 배가하고 있다.

high-tech stock 하이테크 주, 첨단주(尖端株), 첨단산업 관련

주.

hike 인상.
However, fears of a possible interest rate hike following last night's Federal Open Market Committee(FOMC) meeting in the US ate away half of early gains run up in the ST index. 그러나 미국 FOMC가 금리를 인상할지도 모른다는 우려로 싱가포르 주가지수(ST index)는 전장 상승분의 절반으로 다시 깎여 내려갔다.

hire purchaser 영국에서 실시되고 있는 할부매매(리스).

historical cost 취득원가(取得原價).

historical trading range 과거의 가격변동폭.

hit a high 신고점(新高點)을 기록하다.

hit a low 신저점(新低點)을 기록하다.
Since hitting a low in late August 6, the Straits Times Index has gained 3.12%. 지난 8월 6일 신저점을 기록한 이래 싱가포르 Straits Times 지수는 3.12%가 올랐다.

hit the market 시장에 타격을 가하다, 시장에 압박을 주다.
What could kill this bull run? If big companies hit the market with capital calls, mostly. 이런 활황장세를 깨뜨리는 요인들에는 무엇이 있을까? 아마 대기업들이 자금 압박으로

시장에 타격을 가하면 그렇게 될 가능성이 가장 높아 보인다.

HKDR(Hong Kong Depositary Receipt) 홍콩예탁증서.

HKFE(Hong Kong Futures Exchange) 홍콩 선물거래소.

HKMA(Hong Kong Monetary Authority) 홍콩 금융관리국.

HKSE(Hong Kong Stock Exchange) 홍콩 증권거래소.

hold back 저지하다, 주춤거리게 하다.
Indeed, the stock index, held back by profit taking from local institutions, surpassed the 740 level again only on 18 October. 과연 주가지수는 기관투자가들의 이식매물로 주춤거리기는 했지만, 10월 18일에 겨우 다시 740대를 돌파했다.

holder of record 주주명부상의 주주.

holding company 지주회사(持株會社).

holding period 보유기간(保有期間).

holding return (자신의 몫으로 돌아오는) 수익.

holding the market (주가 등이 하락할 때) 매입을 통해 장세(場勢)를 지지하는 것. 속칭 떠받치기.

holdings 주식지분(株式持分), 보유물량(保有物量).
The banks have holdings, ranging from 0.1% to 43.8%,

in 68 companies. The banks haven't been ordered to sell holdings in the remaining 29 companies. 그 은행들은 68개 사에 0.1%에서부터 43.8%에 이르는 지분을 가지고 있다. 그러나 나머지 29개 사의 지분에 대해서는 매각 명령을 받지 못했다.

hollowing out 공동화.
Meanwhile, private investment continues to move offshore, mainly to China, and is largely responsible for the so called "hollowing out" of the manufacturing sector. 한편 민간 투자가 해외, 특히 중국으로 빠져 나감에 따라 산업 공동화의 큰 원인이 되고 있다.

home banking 홈 뱅킹.
자택에서 통신기기 등을 이용해 은행에서 돈을 인출하는 것.

home run 단기간에 투자를 하여 큰 수익을 내는 것.
Someone who aims to hit an investment home run may be looking for a potential takeover target, for example, since takeover bids result in sudden price spurts. 투자를 하여 홈런을 치고 싶은 사람은 예컨대 인수가능성이 있는 투자합병 대상에 투자를 하는 것도 좋을 것이다. 인수합병(움직임)이 있으면 갑작스런 가격폭등이 있기 때문이다.

Hong Kong Depositary Receipt(HKDR) 홍콩 예탁증서.

Hong Kong Futures Exchange(HKFE) 홍콩 선물거래소.

Hong Kong Inter Bank Offered Rate(HKIBOR) 홍콩 은행 간 금리.

Hong Kong Monetary Authority(HKMA) 홍콩통화청.
정식 명칭은 '홍콩 금융관리국'으로 홍콩의 중앙은행겸 금융감독기구이다.

Hong Kong Stock Exchange(HKSE) 홍콩 증권거래소.
정식 명칭은 香港聯合交易所이다.

honor 어음·수표 등의 지불가능성.
○〔참고〕 dishonored check 부도수표(不渡手票).

horizon analysis 투자계획기간 분석(投資計劃期間分析).
특정기간을 정하여 행하는 분석이다.

horizontal merger 수평 합병(水平合倂).
동업종 기업 간의 합병을 말한다.

horizontal spread 옵션 거래상 다른 만기일 간의 재정거래(裁定去來).

hot issue 신규발행주식 가운데 인기리에 매매되는 주식.

hot money 단기성 투기자금(短期性投機資金).
For instance, he said, measures will be taken to prevent speculative investment on real estate and hot money

funds not declared to tax authorities—from leaving the country. 그는 부동산 투기자금이나 조세당국에 신고되지 않은 단기성 투기자금이 해외로 빠져나가지 않도록 하는 조치들이 취해질 것이라고 말했다.

house 증권회사, 런던 증권거래소의 별칭.

house account 증권회사의 본점 계좌.

house bill 본지점 간의 거래를 나타내는 전표, 자회사와 본사 간의 거래를 나타내는 전표.

house call 증거금 부족시 증권회사에서 고객에게 거는 전화.

house maintenance requirement(call) 증권회사가 개별적으로 정하는 증거금 유지비율(證據金維持比率).
그러한 증거금 유지비율이 가격 하락 등으로 인해 일정 수준 이하로 떨어질 경우에 증권회사에서 이를 보충하도록 하는 바 이를 house maintenance call이라 한다.
House maintenance requirements set levels of equity that must be maintained to avoid putting up additional equities or having collateral sold out. 증거금 유지비율은 추가로 주식을 더 가져다 넣거나 강제로 담보로 반대매매하는 사태를 피하기 위하여 정하는 증거금 유지비율이다.

hurdle rate 투자 등에 사용되는 할인율(割引率), 기대수익률.

hybrid securities 합성증권(合成證券), 혼성증권(混成證券).
두 개 이상의 증권들의 특성을 함께 갖고 있는 증권으로, 예컨대 전환사채와 같은 경우, 이자·원금 및 만기를 갖고 있다는 점에서 보통사채와 같지만 전환 대상 주식의 가격 움직임에 크게 영향을 받는다는 점에서 주식의 성질을 내포하고 있어 합성증권이라 할 수 있다.

hyper-growth 초급성장(超急成長).
From the beginning it was a gamble. When China's Vice-Premier Zhu Rongji took charge of economic policy-making in June, the question was whether the bold attempt to rein in hyper-growth without repeating the painful recession of 1989~1990 would catapult him to the top or not. 처음부터 그것은 도박이었다. 중국의 주용기(朱鎔基) 부총리가 6월에 경제정책 책임을 맡게 되었을 때, 문제는 1989~1990년 당시의 혹독한 침체를 되풀이하지 않고 초급성장의 고삐를 잡으려는 그의 과감한 시도로 정상의 자리를 탈환하느냐 하지 못하느냐라는 것이었다.

hyperinflation 초인플레이션.

hypothecation 담보(擔保).

IACM(International Association of Capital Market) 국제증권업 협회.

IB(introductory broker) (선물, 증권) 소개중개업자.

IBF(International Banking Facility) 국제은행업무 시설·상품.

IBRD International Bank for Reconstruction and Development(국제부흥개발은행), 통칭 World Bank(세계은행).

idle money 여유 자금(餘有資金).

IET(interest equalization tax) 이자평형세(利子平衡稅).
미국에서 1963년부터 1974년까지 외국기업이 발행하는 채권을 구입하는 미국인에게 부과되었던 세금으로, 그 목적은 외국기업이 발행한 채권을 구입하는 데 따르는 미국인 자본의 유출과 국제수지의 악영향을 막아보자는 데 있었다. 이자평형세의 부과는 Q-Regulation과 함께 유로금융시장이 발달하는 계기를 마련해 주었다.

IFOX(Irish Futures and Options Exchange) 아일랜드 선물·옵션 거래소.

imbalance of orders 주문(注文)의 불균형 상태, '사자' 또는 '팔자' 중 어느 한쪽이 집중적으로 몰리는 상태.

IMF(International Monetary Fund) 국제통화기금.

IMM(International Monetary Market) 시카고 상품거래소(CME)에서 미국 채권선물, 외환선물, 유로화 선물을 거래하는 별도의 부문.

immediate or cancel order 지급주문(至急注文), 즉시집행-취소주문(卽時執行-取消注文).
고객이 브로커에게 매수 수량과 가격을 지정해 주고, 그 가격으로 매수 가능한 만큼을 즉시 매수하도록 요구하는 주문이며, 매수 불가능한 주만 잔량에 대해서 주문이 자동 취소된다.

immediately available funds 즉시 지불 가능 자금.

immobilization 실물증서를 집중예탁기관에 보관해 증권의 실물 이동을 없애는 것.

immunization fund 금리 변동에 대비해 중립적이고 안정적으로 수익을 얻을 수 있도록 되어 있는 펀드.

impact loan 외화자금 차입(外貨資金借入).

좁은 의미로는 외국은행이 일본 기업에 엔화가 아닌 다른 통화로 중기대출(보통 5년) 하는 것을 말한다. 여기서 임팩트라 함은 외화의 도입이 국제수지에 미치는 영향을 가리킨다.

The bulk of this overseas lending to Japan is in the form of impact loans extended by the overseas branches of Japanese banks back to Japanese corporates. 해외로부터 일본에 제공해 주는 차입금의 대부분은 일본계 은행의 해외 지점을 통해 일본 기업으로 대출해 주는 임팩트론의 형태를 취하고 있다.

implicit interest 잠재이자(潛在利子), 리스 금융, 어음할인 등에 있어서 할인료 등에 내포되어 있는 실질 금리.

import bill 수입어음.

import letter of credit(usuance) 수입신용장(輸入信用狀).

import quota system 수입할당제도(輸入割當制度).

import surcharge 수입과징금(輸入過徵金).

imputation system 세액 계산시 원천과세분을 빼고 하는 계산 방식.

in and out 일계표상(日計票上)의 입출.

in black 흑자(黑字)인.

in sync with 추세선에 따라, ~의 추세에 따라, ~와 궤를 같이 하여.
Once both indicators are in sync with the upside, the market will be best positioned for a tradeable rally. 일단 양 지표가 상향 추세를 나타내고 있으므로 장세는 거래가 활발한 활황장세가 전개될 것이다.
○ 〔참고〕 out of sync with 추세선에서 벗어나.

in the money 옵션거래 등에서 현재가격이 행사가격과의 관계에서 이익을 낼 수 있는 상태.

in the tank 폭락하는, 폭락 중인.
When stock prices fell, stock market observers may say "The market is in the tank." 주가가 하락할 때 증시 관측자들은 "시장이 폭락 중입니다."라고 말할 수 있다.

in transit 운송중인.

inactive 매매가 활발치 못한, 거래량이 적은.

inactive bond 거래량이 적은 비인기 채권(非人氣債券).

inactive stock 거래량이 적은 비인기 주(非人氣株).

inactive market 침체장(沈滯場).
거래량이 적은 한산한 시장 또는 그러한 시장의 상태를 말한다.

incentive fee 성공보수(成功報酬).

incentive stock option(plan) 자사주 저가구입권(自社株低價購入權).
기업의 경영자에게 주어지는 보수와 함께 저가로 자사주식(自社株式)을 매입할 수 있는 권리이다.

income bond 이익사채(利益社債), 수익참가형 채권, 이익이 발생한 경우에만 이자를 지급하는 채권.

income fund 자금수익 중심의 펀드.

income gain 자금수익(資金收益), 소득수입.

income growth 소득증대, 소득증가.
It is this incremental income growth (rather than GDP growth) which is likely to fuel consumption spending in the coming years. 앞으로 이러한 소비지출을 불지르는 것은 (GDP 성장보다는) 바로 이런 점증하는 소득증대인 것이다.

income statement 손익계산서(損益計算書).

income stock 수익주식(收益株式), 상대적으로 높은 배당수익을 보장하는 주식.

income summary 손익계정.
Income summary is a temporary account that is used in

the closing process. The account is debited for expenses and credited for revenue. The difference, either net income or loss, is then closed to capital. 손익계정은 계정 마감시에 이용되는 임시계정이다. 이 계정은 비용은 차변에 기입하고 수익은 대변에 기입한다. 차액은 순익이든 순손실이든 자본항목에 기재하여 마감한다.

income tax 소득세(所得稅).

income tax return 소득세 신고서.

incorporation 법인 설립(法人設立).

incremental cost 증분비용(增分費用), 증분원가(增分原價). 주어진 기간 동안 증가된 추가 자본액의 가중비용으로서, 한계비용(限界費用, marginal cost)이라고도 한다.

incremental cost of capital 한계적 자본비용(限界的資本費用).

incremental rate of return 한계적 수익률(限界的收益率).

indebtedness 부채(負債).

indemnity 손실보전계약(損失補塡契約). guaranty(보증)와 유사한 개념이나, indemnity는 행위자를 주체로, guaranty는 채무를 주체로 하여 보증하는 것이다.

indemnity report 확약서(確約書).

특정 채무나 행위를 반드시 이행하겠다는 약속의 표시를 나타내는 문서.

indication 지침가격(指針價格).
① 특정 증권의 거래가 시작될 때 그 매도 또는 매수가격을 평가하는 행위로 브로커, 딜러, 일반 투자자 등 증권 거래의 참여자들은 거래 시작 전에 증권에 대해 거래전략을 세우기 위해 지침가격을 상호 교환한다. ② 증권거래소에서 특정 증권의 거래를 시작하기 위해 행하는 명목적 호가 행위를 말한다.

indicator 지표(指標).

individual retirement account(IRA) 미국에서 실시되고 있는 연금(年金), 퇴직자용 비과세 개인저축.

Industrial Bank of Japan 일본 흥업은행(興業銀行).

Industrial Bank of Korea (한국) 기업은행(企業銀行).
한국산업은행은 Industrial Bank of Korea가 아닌 Korea Development Bank(KDB)이므로 영문 표기에 주의해야 한다.

Industrial Ordinary Shares index 미국의 공업주가지수.

Industrial Policy 산업정책(産業政策).

Industrial Revenues Bonds(IRB) 면세지방특정재원채(免税地方特定財源債).
미국의 면세지방채로 특정 사업을 행할 목적으로 발행된다.

ineligible bill 미국에서 은행의 인수나 매매로 인해 취급이 인정될 수 없는 증권, 비적격 수표나 어음.

inflation 인플레이션, 통화팽창(通貨膨脹).

inheritance and gift tax 상속증여세.

initial cost 당초비용(當初費用).

initial margin(requirement) 신용·선물 등의 거래 개시시에 필요한 당초증거금(當初證據金).

initial public offering(IPO) 신규주식발행, 공모(公募). 공모는 처음 상장할 때 증권을 발행하는 것을 말한다.

inland bill(of exchange) 국내 환어음.

inscribed securities 기명증권(記名證券).

inscribed share 기명주식(記名株式).

insider 내부자.

insider action 내부자 거래행위(內部者去來行爲).
Professionals who track insider action say they have detected a pattern of similar cases of selling near the highs among other computer companies, many of which have seen their profit margins squeezed in recent

months. 내부자 거래행위를 추적해 온 전문가들은 최근 몇 개월간 이익이 급감한 몇몇 컴퓨터 회사들이 최고가 근처에서 매각하는 유사한 사례들을 발견했다고 말했다.

insider information 내부 정보(內部情報).

insider trading 내부자거래(內部者去來).
내부자의 정보에 기초하여 하는 거래를 말한다.

insolvency 지불불능(支拂不能), 파산(破産).

installment 할부(割賦), 분할납부(分割納付).
The first installment is due in thirty days due. 30일 후 첫 할부금을 납부해야 한다.

installment credit 할부신용(割賦信用).

installment loan 할부대출(割賦貸出).

institutional broker 기관투자가 상대 증권회사.
Institutional brokers deal in large volumes of securities and generally charge their customers lower per-unit commission rates than individuals pay. 기관투자가 상대 증권회사들은 대량으로 유가증권을 거래하고, 주로 매주문마다 (기관투자가) 고객들에게서 개인투자가 고객들보다 수수료를 낮게 받는다.

institutional investor 기관투자가(機關投資家).

institutional selling 기관매물(機關賣物).

instrument 증권상품(financial instrument), 금융상품.

insurance 보험(保險).

insurance premium 보험료.
Insurance premiums normally are charged to the asset account Prepaid Insurance when paid. 납부를 하는 순간 보험료는 일반적으로 보험료 선급금(Prepaid Insurance)라는 자산항목에 기재된다.

intangible assets 무형자산(無形資産), 무체재산권(無體財産權).

interbank market 은행 간 단기자금시장(短期資金市場).

interbank rate 은행 간 단기자금시장의 금리.

intercommodity spread 상이한 실물상품 간의 선물·옵션 간의 재정거래.

interdelivery spread 실물상품 시장에서 만기일이 서로 다른 상품 간의 거래.

interest 금리(金利), 이자(利子), 지분(持分).
Under the plan, Korea Development Bank will sell stakes in 19 of the 25 companies in which it has an

interest, including 15.6% of Pohang Iron & Steel Co., 43.8% of Korea Heavy Industries & Construction Co., 19% of Asiana Airlines and 17.8% of Dongbu Chemicals Co. 그 계획에 따라 한국산업은행은 25개사의 지분 참여 기업 중 19개사의 지분을 매각해야 한다. 거기에는 포철 15.6%, 한국중공업 43.8%, 아시아나 항공 19%, 동부화학 17.8%가 포함되어 있다.

interest bearing securities 이자부 증권(利子附證券).
증권 가격을 할인하여 액면상환하는 할인증권(割引證券, discount securities)과는 대조되는 것으로, 증권의 금리를 쿠폰(coupon, 利票) 등의 방법으로 지급해 주는 증권.

interest coverage ratio 이자보상배율(利子報償培率), 이자지불 능력지표.

interest during construction 건중이자(建中利子).
건설 기간 중에 발생하는 이자이다.

Interest Equalization Tax(IET) 이자평형세(利子平衡稅).

interest in arrear 이연이자.

interest rate 이율(利率).

interest rate futures 금리선물(金利先物).

interest rate sensitivity 이자율 민감도(利子率敏感度).

interest rate swap 금리 스왑.

interest return 이자수익(利子收益).

interim dividend 중간배당(中間配當).

interim loan 연결융자.
자금 조달까지의 일시적인 자금 부족을 보증 형태로 융자하는 것을 말한다.

interim report 중간보고서(中間報告書).

interim result 반기실적(半期實積).
Although Hysan's interim result was better than our expectations, we will retain our full year forecasts for FY 1993. 비록 Hysan 사의 반기실적이 예상보다 훨씬 좋긴 하지만, 1993 회계년도 전기(全期)에 대한 예측 전망을 지속 유지하고자 한다.

interim statement 중간보고서(中間報告書).

intermediary 매개(媒介), 중개(仲介).

intermediary goods 중간재(中間材).

internal memo 품의(稟議).

internal rate of return(IRR) 내부수익률(內部收益率).

투자로부터 기대되는 현금유입의 현재 가치와 현금유출의 현재 가치를 같게 하는 할인율이다.

Internal Revenue Service(IRS)　(미국) 국세청(國稅廳).

international agency bond　국제기관채권(國際機關債券).

International Bank for Reconstruction and Development
국제부흥개발은행.

international banking facility(IBF)　국제은행업무시설(國際銀行業務施設).
미국 내 은행 중 지불준비금이나 이자율에 대한 규제 등 미국 내의 예금업무에 적용되는 규제를 적용 받지 않고 딜러를 포함한 어떤 통화로 표시된 예금업무를 취급할 수 있는 은행 또는 은행의 업무 단위를 말한다.

international diversification　국제분산투자(國際分散投資).

international double taxation　국가 간 이중과세(二重課稅).

international financial market　국제금융시장.

international investment fund　국제투자기금.

International Monetary Fund(IMF)　국제통화기금.

International Organization for Standardization(IOS)　국제

표준화기구.

International Organization of Securities Commission(IOSC) 국제유가증권위원회 기구.

International Primary Market Association 원래 AIBD의 후원으로 탄생하여 신규발행, 인수, 판매를 주로 담당하는 금융조직으로, 유로발행 시장에 참여하는 증권업무협회.

inter-office rate 본지점 간 금리.

interpolation 전후에 존재하는 금리의 평균치를 계산하는 방법.

intervention 중앙은행에서 환율에 개입하는 행위.

intracommodity spread 동종상품 간 선물·옵션의 재정거래의 총칭.

intraday high and low 하루 중의 최고·최저치.

intrinsic value 본질적 가치(本質的 價値).

introducing broker 소개 브로커.

introduction of foreign capital 외자도입(外資導入).

inventory 재고(在庫).

inventory buildup 재고 누적.

Despite declining interest rates, marginal firms will be driven to bankruptcy due to mounting cashflow problems resulting from sluggish sales and inventory buildup. 금리하락에도 불구하고 한계 기업들은 판매 부진과 재고 누적으로 인한 현금 흐름(cashflow) 문제로 부도에 직면할 것 같다.

inventory financing 재고금융(在庫金融).

inventory sell-off 재고처분(在庫處分).
Profits in 1992 all came from inventory sell-off from 1991. 1992년의 이익 전부가 1991년의 재고 처분 덕택이다.

inventory turnover 재고회전율(在庫回轉率), 재고회전기간.

inverted yield curve 역수익률곡선(逆受益率曲線).
하강형 수익률곡선(negative yield curve)이라고도 하며, 장기채권에 대한 이자율이 단기채권에 대한 이자율보다 더 낮음으로써 발생하는 채권수익률과 만기까지의 잔존 기간 사이의 관계를 나타낸다.

(the) investing public 일반 투자가, 일반대중 투자가.

investment 투자.

investment adviser 투자고문(投資顧問).

investment analyst 투자분석가, 투자분석사.

investment bank 투자은행.

investment club 투자 클럽.
Investment club is a group of people who pool their assets in order to make joint investments decisions. 투자 클럽은 자산을 모아 함께 투자 의사결정을 하는 사람들의 모임이다.

investment grade 투자 적격 증권(投資適格證券).
예컨대 S & P의 A급 이상인 증권을 말한다.

investment letter 투자 목적 확인서(投資目的確認書, 장기보유 선언서).

investment strategy 투자전략(投資戰略).

investment tax credit 투자세액 공제(投資稅額控除), 투자감세(投資減稅).

investment trust 투자신탁(投資信託).

investment value 투자가치(投資價値).

investor confidence 투자가들의 신념·확신·신뢰도.
Investor confidence in the Philippines has improved by leaps and bounds as a result. 그 결과 필리핀에 대한 투자가들의 신뢰도가 한결 좋아지게 되었다.

investor relations(IR)　주가 관리(株價管理), 투자자 관리 설명회.
기업 정보를 진실되게 알려 투자가에게 신뢰를 얻을 수 있도록 적절히 주가를 관리하는 행위를 말한다.
"The group's investor relations used to consist of a finance director who wouldn't tell you anything," say a stock researcher. "그 그룹의 투자관계(부서)는 아무것도 알려주려고 하지 않는 재무담당자가 맡고 있죠."라고 한 주식 연구가는 말한다.
The most successful investor relations professionals have been those who follow a policy of full and open dissemination of relevant information, favorable and unfavorable, on a consistent basis. The least successful, over the long run, have been those who emphasize promotion at the expense of credibility. 가장 성공적인 투자관계 전문가는 좋은 소식이든 나쁜 소식이든 한결같이 완전하고 공개된 정보를 모두 배포하는 원칙을 따르는 사람들이다. 가장 실패를 많이 보는 투자관계자들은 결국 신뢰도를 희생해 가면서까지 (회사의) 선전에 열을 올리는 사람들이다.

investor sentiment　투자심리(投資心理).
The government's plan to expand the foreign investment quota will another significant factor to buoy investor sentiment. 외국인 투자한도를 확대하려는 정부 계획은 투자심리를 상당히 올려줄 수 있는 중요한 요인이 될 것이다.

Investor Service Bureau 뉴욕증권거래소(NYSE)의 홍보담당 부서로, 투자에 관한 모든 서면 문의에 답하는 일을 하는 기관.

invitation telex 새로운 유가증권 발행시 인수 주간사(引受主幹事)가 보내는 인수단 참가 권유 텔렉스.

invoice 송장(送狀), 상품출하장(商品出荷狀).

IPMA(International Primary Market Association) 증권업무협회.

IPO(Initial Public Offering) 신규공모(新規公募)

IOSC(International Organization of Securities Commission) 국제증권위원회 조직.

IRA(Individual retirement account) 연금계정.

IRB(Industrial Revenue Bonds) (미국) 면세지방 특정재원채권.

IRC(Internal Revenue Code) 미국 세법.

Irish Futures and Options Exchange(IFOX) 아일랜드 선물·옵션거래소.

IRR(Internal rate of return) 내부수익률.

irrevocable (letter of) **credit** 취소 불능 신용장.

IRS(Internal Revenue Service) (미국) 국세청.

한국의 국세청은 National Tax Administration이다.

issue 주식, 발행.
> 〔참고〕 new issue 신주, 신주 발행.

issue at discount 할인 발행.

issue at market price 시가 발행.

issue at par value 액면가 발행.

issue price 발행 가격(發行價格).

issue at premium 할증 발행.

issued capital 불입자본금(拂入資本金).

issued capital stock 발행필 자본금(發行畢資本金).
발행된 주식 중 부분적으로 재취득되어진 것을 capital stock이라 하는데, 발행필 자본금은 자기주식이나 소각 목적으로 재취득한 것으로 당기 순이익 계산에서 제외된다.

issuer 발행사(發行社), 발행기업(發行企業).

issuing house 증권인수업자(證券引受業者).

itemized deduction (미국) 손금항목(損金項目).
개개인의 소득세 납세의무를 감소시키기 위해 과세표준을 산정함에 있어서 각 연도의 소득 금액에서 차감하는 항목을 말하는 데, 세금공제 항목(tax deduction)이라고도 불리며, 각종 비용, 감가상각비 등이 이에 해당된다.

Itemized deduction is a subtraction from adjusted gross income for individual taxpayers. Examples of allowable deductions are mortgage interest, certain casualty losses, medical expenses, contributions, and miscellaneous. 손금항목이란 개인 납세자의 조정 총수입에서 빼낼 수 있는 항목이다. 공제받을 수 있는 손금항목이란 예를 들어보면 부동산 대출이자, 사고, 의료비, 헌금 및 기타 등이다.

January effect 1월 효과.
매년 초 1월이면 새해에 대한 기대심리로 주가 등이 상승한다는 이론상의 효과이다.

January indicator 1월 지표(指標).
한해 선체의 추세를 가늠하는 1월의 주식동향을 말한다.

Japan Bond Research Institute 일본공사채연구소(日本公社債硏究所).
1946년 4월 발족된 일본 경제 4단체의 하나로, 기업 입장보다는 국민경제적 시각에서 국내외의 경제사회 문제에 대한 의견이나 조망을 발표하는 것이 특징이다.

Japan Development Bank 일본개발은행(日本開發銀行).

Japan External Trade Organization(JETRO) 일본무역진흥회(日本貿易振興會).

Japan International Cooperation Agency(JICA) 일본국제협력단.

Japan Offshore Market(JOM) 일본 역외시장(日本域外市場).

Japanese Depositary Receipts(JDR) 엔화 표시 예탁증서(¥貨 表示豫託證書).

Japanese Government Bond(JGB) 일본 국채(日本國債).

JCIF(Japan Center for International Finance) 일본국제금융정보 센터.
1983년 일본의 대장성과 일본은행이 공동투자하여 설립하였다.

J-curve 환율의 급격한 변동이 수출입 증감에 일시적으로 역작용을 일으키는 현상.

JDR(Japanese Depositary Receipts) 엔화 표시 예탁증서.

JETRO(Japan External Trade Organization) 일본무역진흥회.

JICA(Japan International Cooperation Agency) 일본국제협력단.

jobber 런던 증권거래소의 거래원.
Big Bang(런던 금융시장 대개혁, 1986) 이전에 있었다.

jobless rate 실업률.

jointly and severally 공동이든 별개이든 상관없이 모두.

jobs crunch 취업난(就業難), 일자리 부족 현상.
While Europe and North America suffer through massive

layoffs, Japan is confronting a jobs crunch of its own kind. 유럽과 북미가 대량 감원 사태를 겪고 있는 동안 일본도 나름대로 일자리 부족 현상을 겪고 있다.

jump (환율이나 주가) 급상승.
The US-HK Dollar forward rates rose sharply in early afternoon trade. But currency dealers denied the jump reflected speculative pressures. 미국 달러-홍콩 달러 선도 환율이 오후장에 급등했다. 그러나 외환 딜러들은 그러한 급등세가 투기적 압력이라고는 생각하지 않았다.

just title(=clear title, proper title, good title) 법적으로 전혀 하자 없는 (부동산 등의) 소유권.

KAMCO (Korea Asset Management Corporation) 성업공사(成業公社).

KDB (Korea Development Bank) 한국산업은행(韓國産業銀行). 줄여서 산은이라고도 한다.

KDFC (Korea Development Finance Corporation) 한국개발금융공사.

KDIC (Korea Deposit Insurance Corporation) 예금보험공사.

KEXIM (Export Import Bank of Korea) 한국수출입은행(韓國輸出入銀行).

key currency 기축통화(基軸通貨).

key currency system 기축통화제도(基軸通貨制度).

key industries 주요 사업, 기간산업(基幹産業).

KFSB (Korea Federation of Small Businesses) 중소기업 협동조합

중앙회(中小企業協同組合中央會).

kickback 수수료 등의 보전금, 음성 수입의 일부 상납.
예컨대 투자회사가 특정 증권회사에 주문을 주고, 특정증권회사가 벌어들인 거래 수수료 중 일부를 투자회사가 음성적으로 받는 경우 이를 kickback이라 한다.

kicker 감미제(sweetener), 키커.
채권에 주식의 성질을 더해주어 투자가에게 판매가 쉽도록 하는 것을 말한다.
The kicker makes the bond more attractive to investors, since the bondholder potentially gets the benefit of an equity security in addition to interest payments. 채권 보유자가 이자를 지급받는 것은 물론 주식의 이익을 얻게 되므로 키커는 채권투자를 더욱 더 매력적인 것으로 만든다.

KICPA(Korea Institute of Certified Public Accountants) 한국회계사협회.

KIEP(Korea Institute for International Economic Policy) 대외경제정책연구원(對外經濟政策研究院).

KIET(Korea Institute for Industrial Economics & Trade) 산업연구원(産業研究院).

killer bees 기업 인수에 대한 방어 전략을 지원해 주는 사람이나 기관.

'Killer bees' are usually investment bankers who devise strategies to make the target less attractive or more difficult to acquire. 'Killer bees'란 통상적으로 매수 대상 기업을 좀 덜 매력적으로 만들거나 인수가 어렵도록 전략을 짜주는 투자 은행가들이다.

killing 거래가 확정되었음을 통보하기 이전, 거래를 중지시키는 행위.

kiting 주가 조작에 의해 가격 띄우기.

KLSE(Kuala Lumpur Stock Exchange) (말레이시아) 쿠알라 룸푸르 증권거래소.

knock down 대폭 인하된 가격.

KODC(Korea Overseas Development Corporation) 한국해외개발공사.

KOICA(Korea International Cooperation Agency) 한국국제협력단(韓國國際協力團).

Korea Asset Management Corporation(KAMCO) 성업공사(成業公社).

Korea Association of Machinery Industry 한국기계공업진흥회(韓國機械工業振興會).

Korea Banking Institute 한국금융연수원(韓國金融硏修院).

Korea Center for International Finance 한국국제금융센터. 한국은행과 재경부가 공동 출자하여 1999년 설립하였으며, 국제금융정보 수집, 분석, 조기경보를 하는 것을 목적으로 한다.

Korea Composite Stock Price Index(KOSPI) (한국의) 종합주가지수(綜合株價指數).

Korea Customs Administration 관세청(關稅廳).

Korea Development Bank(KDB) 한국산업은행(韓國産業銀行, 산은).

Korea Development Finance Corporation(KDFC) 한국개발금융공사.

Korea Development Institute(KDI) 한국개발연구원(韓國開發硏究院).

Korea Exchange Bank(KEB) 한국외환은행(韓國外換銀行, 환은).

Korea Federation of Small Businesses(KFSB) 중소기업 협동조합 중앙회.

Korea First Bank 제일은행.

Korea Institute for Industrial Economics & Trade(KIET) 산업연구원(産業硏究院).

Korea Institute for International Economic & Policy(KIEP) 대외경제정책연구원.

Korea Institute of Certified Public Accountants(KICPA) 한국회계사협회.

Korea Institute of Finance 한국금융연구원.

Korea International Cooperation Agency(KOICA) 한국국제협력단(韓國國際協力團).

Korea Investors Service Inc. 한국신용평가(韓國信用評價, 한신평).

Korea Listed Companies Association 한국상장회사협의회(韓國上場會社協議會).

Korea Overseas Development Corporation(KODC) 한국해외개발공사.

Korea Research Institute of Human Settlement(KRIHS) 국토개발연구원.

Korea Securities Dealers Association(KSDA) 한국증권업협회(韓國證券業協會, 증협).

Korea Securities Depositary Corporation(KSD) 한국대체결제주식회사.

Korea Securities Finance Corporation(KSFC) 한국증권금융주식회사.

Korea Securities Settlement Corporation 한국대체결제주식회사의 옛날 명칭.

Korea Stock Exchange(KSE) 한국증권거래소.

KOSPI(Korea Composite Stock Price Index) (한국의) 종합주가지수(綜合株價指數).

KSD(Korea Securities Depositary Corporation) 한국대체결제주식회사.

KSDA(Korea Securities Dealers Association) 한국증권업협회(韓國證券業協會, 증협).

KSE(Korea Stock Exchange) 한국증권거래소(韓國證券去來所).

KSEC(The Securities Exchange Commission of Korea) 증권관리위원회(證券管理委員會, 증관위).

KSFC(Korea Securities Finance Corporation) 한국증권금융주식회사.

lame duck 거래소에서 제명당한 회원.

land bank 미국의 부동산은행.

large cap(=large capitalization shares) 대형주.
Investors rekindled in large caps and financials this week. 이번 주에 대형주와 금융주에 대한 투자가들의 관심이 다시 높아졌다.

last-infirst-out(method)(LIFO) 후입선출법.

last price 종가(終價).
하루 중에 거래된 가격 중 마지막 끝나는 순간의 가격, closing price라고도 한다.

last trading day 최종 거래일(最終去來日).

launch 기채 발표(起債發表).
법률상 사채의 인수계약이 성립되었음을 발표하는 것으로, 시장 반응을 확인하는 관행으로 정착되었다.

launch date 예비모집 개시일.

laundered money 세탁된 돈.
금융기관 등을 경유하여 합법화된 부정한 자금을 이른다.
　○ 〔참고〕 money laundry 돈세탁.

Law on Fostering the Capital Market 자본시장 육성법(資本市場育成法).

LBO(leveraged buy out) 차입매수.

L/C(letter of credit) 신용장.

lead manager 주간사(主幹事).

leader(leading stock) 주도주(主導株), 시장 선도주(市場先導株). market leader라고도 한다.

leading-edge technology 첨단기술(尖端技術).
Western firms no longer are willing to transfer leading-edge technologies, fearing that such move will come back to haunt them. 서구의 기업들은 첨단 기술 이전을 해줄 경우 자신들이 나중에 곤혹을 치를까 우려하여 더 이상 첨단 기술을 이전하려 하지 않는다.

leading indicators 선행지표(先行指標).
시장 상황이 변화되기 전 미리 그러한 변화를 나타내는 지표이다.

leads and lags 국제거래상 지불의 일시적 패턴 변화.
지불할 것이 있는 경우, 표시 통화의 평가절상이 예상되면 지불 시기를 앞당기고 반대로 평가절하가 예상되면 뒤로 늦추는 것과 같이 시기를 변경하여 그만큼 신용공여, 신용사용 등에 이용하는 것을 말한다.

lease 리스.

leassez-faire 자유방임주의(自由放任主義).

leg 기술적 분석상에 이용되는 차트의 움직임을 나타내는 막대모양의 그래프.

legal counsel 법률 비용(法律費用).

legal fee 변호사 비용(辯護士費用).

legal opinion 변호사 의견서(辯護士意見書).

legal tender 법화(法貨), 법정화폐, 정부가 보증하는 돈.
Gold coins are not legal tender any more.
황금주화(동전)는 더 이상 법정화폐가 아니다.

lender of last resort 최후의 대출자.
자금 인출 사태 등이 있을 경우 해당 금융기관을 지원해 줄 수 있는 중앙은행을 가리킨다.
The US lender of last resort is the Federal Reserve Bank.

Member banks may borrow from the FRB to maintain reserve requirements or to meet large withdrawls. 미국의 최후의 대출자는 연방준비은행이다. 회원은행들은 연방준비은행에서 자금을 빌려 지불준비금을 맞추고, 대량의 인출 사태에 대응한다.

lending rate 여신금리(與信金利).
Lending rates will also climb as the velocity of money of the system slows. 제도권 내의 화폐유통 속도가 느려짐에 따라 여신금리 또한 오를 것이다.

lending securities 대주(貸株), 또는 대주 거래에 의해 증권사 로부터 주식을 빌리는 것

lending street name 명의대여(名義貸與).

letter of awareness 각서(覺書).
보통 statement under oath라고 하는 것이 우리말의 '각서'에 가까운 의미이다.

letter of credit(L/C) 신용장(信用狀).

letter of guarantee 보증서(保證書).

letter of indemnity 손해보전계약(損害補塡契約).

letter of intent(LOI) 기본합의서(基本合意書), 의향서(意向書).
법적인 구속력은 없는 문건이다.

letter security 비등록 사모채(非登錄私募債).

level debt service 원리금 균등분할상환(元利金均等分割償還).

level payment 원리금 균등분할상환(元利金均等分割償還).

leverage 투자배율.

leverage effect 투자 등에 이용하는 배율 효과.

leveraged buy out(LBO) 차입매수(借入買受).
매수자금과 관련하여 매수측의 자본을 작게 하고 나머지 대부분을 매수 대상측의 자산이나 현금을 담보로 한 외부차입금 의존형 기업 매수를 일컫는다.

leveraged ESOP 차입형 종업원지주제도(借入型從業員持株制度).
회사의 주식을 매입하기 위해 자금차입 기회 제공시 은행은 차입분에 대해 세제혜택을 받으며, 회사는 원금상환과 이자지급을 받을 수 있도록 기금을 납입하는데, 이에 대한 납입금은 손비처리가 가능하다.

leveraged lease 세무 효과를 이용하여 차입금 비율이 높은 리스.

leveraged stock 신용거래제도를 이용하여 구매한 주식.

liabilities 부채(負債), 채무(債務).

liberalization of capital, capital liberalization 자본 자유화, 국제간의 자본 이동에 대한 제한의 제거.

liberalization of exchange control 외환 자유화.

LIBID (London Inter-bank Bid Rate) 런던 은행 간 예금금리.

LIBOR (London Inter-bank Offered Rate) 런던 은행간 대출금리.

life 만기.

life insurance 생명보험.
There are three life insurance policies. 생명보험증서가 세 장이 있다.
He wants to take out another life insurance policy. 그는 또 다른 생명보험에 가입하고 싶어한다.

life-to-call 채권이 상환되기까지의 거치기간(据置期間).

LIFFE (London International Financial Futures Exchange) 런던 국제금융선물거래소.

lifting a leg 헤지 거래에서 한쪽 거래를 취소처분하는 것.

limit of credit 신용한도(信用限度).

limit order 가격지정주문(價格指定注文).

limit price 지정가격.

limited company 유한회사.

limited liability 유한책임.

limited partnership 합자회사, 합자조합.

limited risk 제한적 위험, 옵션 구입에 따른 위험.
Stock analysts may say of a stock that has recently fallen in price, that it now has limited risk, reasoning that the stock is unlikely to fall much further. 최근에 가격이 하락한 주식에 대해 더 이상은 크게 하락하지 않을 것이라는 점에서 주식분석가들은 제한적 위험이 있는 주식이라고 할 것이다.
For example, someone who pays a premium to buy a call option on a stock will lose nothing more than the premium if the underlying stock does not rise during the life of the option. 예를 들면 특정 주식에 대한 콜옵션을 사기 위해 비용(프리미엄)을 지불하는 사람은 해당 주식이 옵션 만기 기간 중 상승하지 않는다 하더라도 옵션 비용(프리미엄) 이상의 손실은 보지 않을 것이다.

line of credit 대출예약한도.

lion's share 최대의 분배(몫), 가장 좋은 부분, 단물.
But the lion's share of intra-regional trade remains in a raw materials and intermediate goods that form part of a

chain of production for finished goods consumed in the West. 그러나 대부분의 지역 내 무역거래는 서방 국가에서 사용하는 완제품 생산에 부분적으로 필요한 원자재와 중간재에만 국한되어 있다.

liquid 유동적인, 유동성이 높은.
As the stockmarket remains the only liquid, tax-efficient investment vehicle in the real-name system era, expectations of a liquidity push have been rife. 실명제시대에 증시만이 유일하게 유동성이 높고 세금면에서도 훌륭한 투자수단이므로 유동성을 찾아 (증시로 몰릴 것이라는) 기대가 무성하다.

liquid assets 유동자산(流動資産).

liquidated company 청산회사, 해체회사.

liquidated damage 청산에 따른 손해액.

liquidating dividend 청산배당.

liquidation 청산, 정리.

liquidation value 청산가격.

liquidity 유동성.

liquidity-driven 유동성이 풍부한, 풍부한 유동성을 바탕으로 한.
We cannot rule out the possibility of a liquidity-driven speculative rally. 풍부한 유동성을 바탕으로 한 투기장세가 실현될 가능성을 배제할 수 없을 것이다.

A liquidity-driven boom in asset prices thus seems unlikely in the context of Singapore. 따라서 풍부한 유동성을 바탕으로 한 부동산 붐은 싱가포르와 같은 상황에서는 일어나지 않을 것으로 보인다.

liquidity push 유동성 추구(流動性追求).

liquidity ratio 유동비율.

list company 상장회사.
통상 listed company라고 한다.

list futures 상장 선물.

list of shareholders 주주명부(株主名簿).

list option 상장 옵션.

list securities 상장 증권.

listed 상장이 된.

listing 상장(上場).

listing particulars 상장 관련 세부사항 및 서류.
In the case of London-listed issues, the issuer is required under English law to produce a document which is known as listing particulars in connection with the listing, unless the issuer is a state or a local or regional authority. 런던에 상장되는 유가증권의 경우, 발행자는 정부나 지방 공공기관이 아닌 한, 영국법에 따라 상장 관련 세부 문건을 작성하여야 한다.

LMI(Luxembourg Monetary Institute) 룩셈부르크 화폐청.

load(charge) 매입 수수료.

loan 대출.

loan collateral 대출 담보(물).
After all, the bulk of the Korean banking sector's loan collateral is in the form of land. 결국, 한국 은행업계의 대출 담보물은 대부분 부동산 형태인 것이다.

loan cross-guarantee 상호 부채 보증.
The government has banned the chaebol and their subsidiaries from keeping unprofitable companies afloat by cash infusion and loan cross-guarantees. 정부는 재벌과 자회사에 대해 자금 투입과 상호 부채 보증을 통한 부실기업 상장 행위를 금지시켰다.

loan crowd 증권 중개인들.

loan loss reserve 도산 충당금.

loan on deeds 증서대부(證書貸附).

loan on notes 어음대부.

loan shark 고리대금업자(高利貸金業者).

loan stock 대주(貸株), 대주거래를 통해 빌린 주식.

loan to deposit ratio(ldr) 예대 마진(預貸 margin), 예대율(預貸率).
예금을 하는 데 대한 이자율과 대출을 하는 데 대한 이자금리상의 차이를 말한다.
According to a report in today's South China Morning Post, David Carse, deputy chief executive of the Hong Kong Monetary Authority, has begun talks with financial institutions over high loan-to-deposit ratios. 금일자 South China Morning Post에 따르면, 홍콩 금융감독원의 David Carse 부총재는 높은 예대율에 대해 금융기관들과 회담을 시작했다.

loan value 담보대출의 대출한도.

local 국내의.

local consumption 내수(內需), 내수 소비(內需消費).
An expected pick-up in capital expenditures and local consumption has been slow in coming. 기대했던 설비투자 증대나 내수 증대는 비교적 부진했다.

local government securities 지방채.

local stock exchange 지방 증권거래소, 해당 국가의 증권거래소.

lock box 은행의 현금관리 서비스의 일환으로 사용되는 고객용 사서함.

lock in 손익 확정(損益確定), (이익 또는 손해를) 고정시키다
시세 변동으로 인해 어느 정도의 이익 실현이 가능할 경우, 해당 가격에 보유물량(주식 등)을 처분하여 이익을 현실화하는 것이며, 손실의 경우 더 이상의 손실폭이 증가하지 않도록 현실화하는 것이다.

lock in profit 이익을 고정시키다.
The client will lock in profit if the share price trades up 120 point or above. 주가가 120 포인트 이상에서만 거래된다면 고객은 이익을 고정시키려 할 것이다.

lock-up 손익 확정(損益確定), 판매제한 확정.
A lock-up is essentially a method of strengthening United States selling restrictions in cases where purely

contractual restrictions are thought inadequate. 판매제한 확정(lock-up)이란 계약서상의 판매제한 규정만으로는 충분치 못하다고 생각될 때, 미국 내에서의 판매제한 내용을 더욱 강화하는 방법을 말한다.

lock-up agreement 매수 옵션 협약.

lock-up option 매수 옵션.
매수 합의 이후부터 완료까지 제3자를 통한 위협을 없애기 위한 매수회사와 피매수회사 간의 계약 중 대표적인 것으로, 매수회사에게 피매수회사의 미발행주식을 대량으로 매수할 권리를 줄 수가 있는데, 그 권리를 lock-up option이라 한다.

London Commodity Exchange 런던 상품거래소.

London Futures & Options Exchange(FOX) 런던 선물옵션거래소.

London Inter-bank Bid Rate(LIBID) 런던 은행 간 예금금리.

London Inter-bank Offered Rate(LIBOR) 런던 은행 간 대출금리.

London International Financial Futures Exchange(LIFFE) 런던 국제금융선물거래소.

London Traded Options Market(LTOM) 런던 옵션거래소.

long 매입 포지션, 선물 또는 외환 거래에서 매입액이 매도액을 초과한 상태.

long bond 장기채.
보통 미국의 30년물 T bond를 말한다.

long coupon 초기의 이자가 다른 쿠폰보다 장기인 것.

long hedging 매입 헤지.

long position 매입 포지션, 매입 보유물량.

long term credit 장기신용.

long term debt 장기차입(長期借入).

long term finance 장기금융.

long term investment 장기투자.
Long-term investments are resources that can be realized in cash. However, the conversion into cash is not expected within one year or the operating cycle. 장기투자란 현금으로 실현될 수 있는 자산이다. 그러나 현금으로의 전환이 1년 이내나 한 경영주기(회계기간) 내에 이루어질 것 같지 않은 투자 항목이다.

long term rate of interest 장기금리.

long term trend 장기 추세, 장기 시장동향.

look-back option 옵션 소유자에게 옵션의 효력 발생일로부터 만기일까지의 기간 동안 거래된 최저가로, 기초자산을 매입할 수 있는 옵션.

loop hole (법률, 조세상의) 빠져나갈 구멍.

loss 손실.

loss carry back 손실이연.

loss carry forward 손실이연.

loss from bad debt (불량 대출의) 부도로 인한 손실.

loss from capital reduction 감자차손(減資差損).

loss from redemption of bond 사채상환차손(社債償還差損).

loss from securities revaluation 유가증권 평가손(有價證券 評價損).

loss leader 장세 하락 선도주.

lot (매매) 단위.

lottery 복권뽑기.

lottery ticket 복권.

low price-to-net asset value play 순자산 대비 저평가 종목군(純資産對比 低評價種目群).
Choongnam Spinning, Korea's largest cotton weaver, will continue to gather interest as a low price-to-net asset value play. 한국 최대의 면방업체인 충남방직(주)은 순자산 대비 저평가 종목군으로서 지속적인 관심을 끌 것이다.

low-cost labor 저임 노동력.

low-PE stocks, low P/E stocks 저퍼주(低 PER 株).
Growing economic uncertainties and shrinking market liquidity took the composite index further down to the 700 level in early August before selective picks of low-PE stocks stopped the slide. 점증하는 경제적 불확실성과 시장 유동성 하락으로 저퍼주가 간헐적으로 상승해 하락세가 멈춰지기 전인 8월 초에는 종합지수가 700까지 내려갔었다.

lower of cost or market method 저가법(低價法).

LTOM (London Traded Options Market) 런던 옵션거래소.

lump sum payment 일괄지불(一括支拂).

Luxembourg Monetary Institute (LMI) 룩셈부르크 화폐청.

M & A(Merger & Acquisition) 인수합병.

macro-economics 거시경제학.

macro-hedge 개별 종목에 대한 헤지가 아니고 포트폴리오 전체에 대해 행하는 헤지.

mail transfer(M/T) 우편이체.

maintenance bond 계좌유지비용.

maintenance call 증거금 유지요구 통지.

maintenance fee 계좌유지비용.

maintenance margin 최저유지 증거금.

maintenance requirement 증거금 유지요구 통지.

major braket 인수단(syndicate)의 통상 가장 위쪽에 등장하는 증권회사 집단.

major market player 큰손.
Investor confidence was further hurt by the arrest of a major market player. 큰손 하나가 구속되어 투자가들의 심리가 더욱 타격을 입었다.
○ 〔참고〕 high net worth individual 개인 큰손.

make good 물어주다, 변상해 주다, 보상해 주다.
Nomura is making good on about 150,000 cases of losses, as the firm found 'the strong possibility' that the investors didn't receive adequate warning about the risk to principal, company officials said. 투자가들에게 위험에 대해 적절한 경각심을 일깨워 주지 않았을 가능성이 충분히 있으므로 Nomura 증권사는 약 15만 건의 손실사례에 대해 변상을 해 주었다고 회사측은 밝히고 있다.

make a market 가격을 붙이다.
매도나 매수의 기세가격을 발표하여 매매를 형성시키는 행위.

make a price 가격을 붙이다.

manage 인수하다.
Although the formal documents use the expression 'subscribe or procure subscribers', alternative expression such as 'manage' or 'underwrite' are sometimes used in other contexts. 비록 공식문서상으로는 'subscribe 또는 procure subscribers'라는 표현을 쓰기도 하지만, 다른 표현으

로서 (인수하다라는 의미로서) 'manage' 또는 'underwrite' 등을 쓰기도 한다.

managed account 통합관리계좌, 합동운영계좌.

managed currency 관리통화.

managed fund 통합관리기금.

managed system 관리통화제도.

management(the management) 경영진 경영, 관리, 고문.

management accounting 경영관리회계.

management commission 인수단 간사 수수료(引受團幹事手數料).

management fee 인수단 간사 수수료.

management group 인수 간사단(引受幹事團).

management information system(MIS) 경영정보시스템.

manager 간사(幹事).

managing underwriter 간사인수회사(幹事引受會社).

mandate 차입회사가 사채발행시 주간사에 인수업무를 의뢰하는 것, 맨데이트.

mandate letter 발행교섭 의뢰서, 주선 의뢰서.

mandatory redemption 강제상환(强制償還).

Manila Stock Exchange(MSE) 마닐라 증권거래소.

manipulation 시세 조작, 시세 조정.
인위적 방법을 통해 시장가격을 올리거나 내리는 행위를 말한다.

Marche a Terme des Instruments Financiers(MATIF) 파리 국제금융선물거래소.

Marche des Options Negociables de Paris(MONEF) 파리 옵션거래소.

margin 수수료, 이익, 이윤폭, 증거금.

margin account 신용계좌, 증거금계좌.

margin buying 신용매입.

margin call 추가증거금.

margin requirement 증거금.

margin selling 신용매도.

margin trading 신용거래.

marginal cost 한계비용.

marginal credit 한계적 신용.

marginal firm 한계기업.
Despite declining interest rates, marginal firms will be driven to bankruptcy due to mounting cashflow problems resulting from sluggish sales and inventory buildup. 금리 하락에도 불구하고 한계기업들은 판매부진과 재고누적으로 인한 현금 유통 문제로 부도가 날 것 같다.

marginal income 한계소득, 한계이익.

marginal income ratio 한계이익률.

mark-to-market, mark to the market 일일 정산.

mark-up 수수료.

market 시장, 시가.

market analysis 시장 분석.

market breakdown 증시붕괴(證市崩壞).

market capitalization 시가총액.

market cycle 시장주기.

market hours 입회 시간.
주식·외환 등이 거래되는 시간을 일컫는다.

market index 시장 지표.

market information 시장 정보.

market leaders 시장 주도주, 선도주, 시장 주도 종목.

market maker 시장 조성자.
어느 정도의 가격 이하로 내려가지 않도록 인위적인 장세 개입을 하는 사람, 또는 이를 이용하여 단기적인 시세차익을 얻은 사람을 말한다.

market making 시장 조성.

market order 성립가주문, 시장가격주문.
주문을 할 때 가격을 명시하지 않고 시장에서 가장 유리한 가격으로 체결되도록 하는 주문이다.

market out clause 이상 사태 발생시 인수를 면제받을 수 있는 인수계약서상의 조항.

market price 시가(時價), 시장가격.

market price issue system 시가발행제도(時價發行制度).

In response to this trend, the following measures have been taken; ① introduction of the market price issue system, ② improvement of the employee stock ownership program. 이러한 추세에 따라 ① 시가발행제도 도입, ② 우리사주 제도 개선 등의 조취가 취해졌다.

market quotation 시장가격, 호가, 시세.

market rally 활황장세.

market risk 시장위험.

market sentiment 장(場) 분위기, 시장 상황.

market share 시장 점유율(市場占有率).

market stabilization 시장 안정 조작.

market tone 장(場) 분위기, 시장 상황.

market value 시장가치.

marketability 시장성, 유동성.

marketability risk 시장성 위험.

marketable 시장성이 있는, 유동성이 있는.

marketable securities 시장성이 있는 증권, 유동성이 있는 증

권, 환금성이 있는 증권.

marketing 판촉(販促).

married put 특정 주식을 구입하면서 가격 하락의 위험 회피를 위해 동시에 해당 주식을 특정 시기, 특정 가격에 매각할 수 있는 옵션의 한 종류.

marry 팔자와 사자는 주문을 서로 상쇄하는 계산.

MAS (Monetary Authority of Singapore) 싱가포르 통화청.
싱가포르의 중앙은행 겸 금융감독기관이다.

massive layoff 대량 감원, 내량 해고.
When Europe and North America suffer through massive layoffs, Japan is confronting a jobs crunch of its own kind. 유럽과 북미가 대량 감원 사태를 겪는 동안, 일본은 나름대로 취업난을 겪고 있다.

matched book 매매가 일치해서 위험이 발생하지 않는 상황.

matched maturities 운용과 조달 기간을 완전히 일치시키는 것.

matched orders 가격을 조정하기 위하여 사고 파는 주문을 동시에 내는 것.

MATIF (Marche a Terme des Instruments Financiers) 파리 국제

금융선물거래소.

matrix trading 동일 종류의 증권 간 가격표를 작성하여 행하는 재정 거래.

maturity 기일, 만기.

maturity gap exposure 운용과 조달 기간상의 갭.

maturity value 만기가치, 상환가치.

maximum loan value 담보대부 등의 대출한도.

ME (Montreal Exchange) 몬트리올 거래소.

mean 사자와 팔자의 중간 가격, 평균.

medium-term note 중기사채.

meeting of shareholders 주주총회.
　○ 〔참고〕 shareholder's general meeting 주주총회.

MEFF [Mercado de Futuros Finacieros(Barcelona)] 메르카도 선물거래소(바르셀로나).

member bank 회원 은행.
증권거래소, 어음교환소 등에 이용한다.

member firm 회원사.

Member firms, also known as securities firms or brokerage companies, represent customers' orders to buy and sell securities. 증권사나 중개회사이기도 한 회원사들이 주식 매매를 하고자 하는 고객들을 대행해 준다.

membership 회원권.

Mercado de Futuros Finacieros (Barcelona) (MEFF) 메르카도 선물거래소.

merchant bank 영국의 증권업, 상업은행 업무를 겸해서 하는 은행.

Merger & Acquisition(M & A) 인수합병.

merit increase 성과급, 성공에 대한 보수.

merit system 성과급제도.

meteoric rise 천문학적인 급상승.
After the market's meteoric rise, price movement was sluggish most of last week and many analysts expect to Asian markets to settle back and consolidate before moving higher again. 증시의 천문학적인 급상승이 있은 뒤 가격 움직임이 지난주 내내 둔했다. 많은 분석가들은 아시아 시장이 한 단계 더 상승하기 위해 잠시 조정이 있을 것으로 내다보고 있다.

method of least squares 최소 2승법.
경제통계 등에 사용되는 방법으로, 주로 금리 동향이나 성장률 예측에 이용한다.

method of moving average 이동평균법.

mezzanine broker 증권인수단의 제2순위 그룹.

micro-economics 미시경제학.

micro-hedge 개별 종목에 대한 헤지.

MIDAM(Mid America Commodity Exchange) 미드 아메리카 상품거래소.

Mid America Commodity Exchange(MIDAM) 미드 아메리카 상품거래소.

middle price 중간 가격.

milk the market 주식 조작.

minimum lending rate 최저 대출금리.

minority shareholder 소액주주.
minor investor, small investor라고도 한다.
"Minority shareholders might argue that while the letter of regulations have been adhered to, the spirit has not,"

says Archie Hart, director of research at Crosby Securities(HK) Ltd. "비록 규정은 준수되었다고 하더라도 그 정신까지 준수되었다고는 할 수 없다고 소액주주들은 주장할 것입니다."라고 Crosby 증권사의 연구담당 이사인 Archie Hart는 말한다.

minority shareholder's interest 소수주주권(小數株主權).

mismatch 운용·조달의 기간, 금리·금액 등이 불일치한 상태.

misrepresentation 계약서 내용의 오해.

miss the market 사거나 팔 기회를 놓치는 것.

MITI(Japanese Ministry of International Trade & Industry) 일본 통산성(通産省).

MMC(money market certificate) 화폐시장 증서, 단기 재정증권 금리를 기준으로 한 6개월물 변동금리부 정기예금증서.

MMDA(money market deposit account) 단기 금융시장 예금계정. 금리 상환 및 만기 규제를 받지 않고 3회 이하의 수표 발행을 포함, 월 6회의 계정이체가 가능하며 비거래계정으로 인정하여 지급준비 의무가 부과되지 않는 특징이 있다.

MMF(money market fund) 화폐시장 기금.
주식을 팔아 그 조달금액으로 미국의 단기재정증권(US Treasury Bill), 양도성 예금증서(Negotiable CD), 기업어음 등과 같은 단기의 저위험 증권을 사기 위한 상호기금이다.

modified duration 금리 변동에 따른 가치의 증감을 계량하는 방식.

mom-and-pop corner grocery 구멍가게.
Some bookstores are even small enough that the person managing it can take a 'mom-and-pop corner grocery' approach. 어떤 서점들은 너무 적어 주인이 '구멍가게' 식 경영을 해도 무방하다.

MONEF(Marche des Options Negociables de Paris) 싱가포르 파리 옵션거래소.

monetarist 화폐주의자, 금융을 중심으로 경제학을 지지하는 그룹.

monetary 화폐의.

Monetary Authority of Singapore(MAS) 싱가포르 통화청, 싱가포르 금융관리국(싱가포르의 중앙은행).

monetary expansion 통화팽창.

monetary illusion 화폐환상.

monetary policy 화폐정책(貨幣政策), 금융정책.

monetary reserve 통화지불준비금.

monetary system 통화제도.

money 통화, 현금, 자금.

money broker 자금 브로커.

money center bank, money market bank 국제적 금융 중심지인 뉴욕, 시카고, 샌프란시스코, 로스앤젤레스, 런던, 파리, 동경 등에 위치한 대형 은행이다.
In the stock markets, bank analysts usually categorize the money center banks as separate from regional banks — those that focus on one area of the country. 주식 시장에서 은행 분석가들은 통상 국제 중심지에 위치한 은행들은 특정 국가의 한 지역에만 집중하는 지방 은행과는 다른 것으로 별도로 구분한다.

money-center bank 뉴욕 등의 대형 은행.

money changer 환전상.

money game 투기적 거래.

money market 단기 금융시장.

money market certificate(MMC) 화폐 시장 증서.

money market deposit account(MMDA) 단기 금융시장의 예금계정.

money market fund(MMF) 화폐시장 기금.

money market instrument 단기 금융시장의 상품이나 증권 CP나 CD를 그 예로 들 수 있다.

money order 우편환.

money supply 통화 공급량.

Montreal Exchange(ME) 몬트리올 거래소.

moral obligation bond 미국 지방채 중 법률상의 보증은 없더라도 주정부가 실질적인 보증을 약속한 채권.

moratorium 지불정지선언(支拂停止宣言).

morning session 전장(前場), 오전에 열리는 거래.

mortgage 저당(抵當), 담보(擔保), 저당증서.

mortgage-backed revenue bond 부동산담보부 수익채권, 채권 발행을 통한 조달 자금을 금융기관에 제공하여 비교적 낮은 이자율로 담보 대출(mortgage loan)을 할 수 있게 해 주기 위해 발행되는 지방채.

mortgage-backed securities 담보부(부동산담보부) 증권.

mortgage banker 부동산 중개 은행(不動産仲介銀行).

mortgage bond 부동산 담보채, 담보부(부동산 담보부) 채권.

mortgage company 주택자금 대출회사, 부동산 대부회사.

mortgage investment trust 부동산담보부 증권 투자신탁.

mortgage lien 저당권(抵當權).
채권자가 물건을 점유하지 않고 이를 채권의 담보로 하여 채무자가 변제를 하지 않을 때에는 그 물건에서 우선변제를 받을 수 있는 권리.

mortgage loan 담보 대출, 부동산 대부, 주택 대부.

mortgage-participation certificate 저당권 참가 증권.

mortgage pool 저당 증서 풀.
통상 같은 이자율과 만기를 가진 유사한 저당 증서의 결합을 의미한다.

mortgage purchase bond 저당 증서 매입채권(抵當證書 買入債券).

most-active list 거래 활발 종목 명단(去來活發種目名單).
일정 기간 동안 특정 시장에서 거래가 가장 활발하게 이루어진 증권들의 목록을 말한다.

moving average 이동평균선.

MSE(Manila Stock Exchange) 마닐라 증권거래소.

MSRB(Municipal Securities Rulemaking Board) 지방증권규칙 제정위원회.

multicurrency 복수통화(復數通貨), 다양한 통화, 여러 국가의 통화.

multicurrency clause 복수통화 조항, 다통화(多通貨) 조항.
유로시장을 통해 자금 조달을 할 경우 차입자가 회전일(roll over date)에 한 통화에서 다른 통화로 전환을 허용하는 조항을 말한다.

multicurrency-denominated bond 복수통화 표시채(復數通貨表示債).
채권의 표시 통화가 둘 이상의 통화 단위로 표시된 채권을 말한다.

multicurrency loan 복수통화 대출(復數通貨貸出), 복수통화 조항에 따른 대출.

multinational corporation 다국적기업(多國籍企業).

multiple currency system 복수통화제도(復數通貨制度).
국제유동성 문제를 해결하기 위해 각국의 교환 가능 통화도 준비자산으로 적극 활용하는 체제이다.

multiple exchange rates 복수환율(復數換率).
각각 다른 거래별로 다른 환율을 적용하는 제도이다.

multiple round lots 복수 최소거래 단위(復數最小去來單位).
미국 증권시장에서 최소 200주 이상으로 100 단위의 수량을 가진 주식 거래를 말한다.

multiplier(effect) 승수효과(乘數效果).
케인즈의 단순 모형에서 독립 투자에 의한 지출이 증가하면 국민소득은 그 몇 배나 증가하는 현상을 말한다.

municipal bond 지방채.

municipal bond fund 지방채기금(地方債基金).
신탁재산을 주로 비과세 지방채에 투자하여 운용하는 미국의 상호기금을 가리킨다.

Municipal Securities Rulemaking Board(MSRB) 지방증권규칙 제정위원회.
미국의 15명으로 구성된 지방증권업무의 기준과 시행 규정을 설정·감독하는 자치위원회이다.

mutatis mutandis 더 이상 고칠 것이 없다면, 다른 변동 사항이 더 이상 없다면.
○ [참고] With the necessary changes having been made.

mutual fund 투자신탁(投資信託).

Mutual Offset System(MOS)   상호결제제도(相互決濟制度).
거래소 간 업무 협약에 따라 양 거래소에 동시에 상장되어 있는 상품을 대상으로, 한 거래소에 설정되어 있는 포지션을 다른 거래소로 이전할 수 있거나 결제할 수 있는 제도를 말한다. 이 제도는 1984년 CME와 SIMEX 간에 유로 달러, 영국 파운드, 독일 마르크, 일본 엔 선물을 대상으로 개시한 이래 EOE와 AMEX 간 지수 옵션, SFE와 COMEX 간 금 선물, EOE · ME · ASX는 금과 백금 옵션을 대상으로 상호결제제도를 실시 중이다.

Nagoya Stock Exchange(NSE) 나고야 증권거래소.

NAIC(National Association of Insurance Commissioners) 미국 보험감독원.

naked option 옵션 행사시 인도할 수 있는 기초자산을 보유하지 않고 발행되는 옵션. uncovered option이라고도 한다.

name (주식) 종목.

narrow market (= thin market, inactive market) 매매가 한산하여 거래가 거의 없는 시장.
The market in a particular stock is said to be narrow if the price falls without any apparent explanation, suggesting lack of interest and too few orders. 특정 주식에 대해 특별한 이유도 없이 주가가 폭락할 경우, 시장에서의 관심 부족과 주문이 거의 없다는 점에서 약세 시장(narrow market)이라고 말한다.

NASD(National Association of Securities Dealers) 미국 증권업

협회.

NASDAQ(National Association of Securities Dealers Automated Quotation) 나스닥 시장.
1,500여 개의 회사들에 의해 제공되는 3,000여 개의 비상장주식에 대한 매입가격과 매도가격을 알려주는 미국의 컴퓨터 시스템을 말한다.

National Association of Insurance Commissioners(NAIC)
미국 보험감독원.

National Association of Securities Dealers(NASD)
미국증권업협회.

National Association of Securities Dealers Automated Quotation(NASDAQ) 나스닥 시장.

national bank (미국) 연방정부이사회(FED) 산하의 국법은행(國法銀行).

national debt 국채(國債), 국가 채무(國家債務).

National Futures Association(NFA) 미국 선물업협회(先物業協會).
선물 관련 규칙 제정, 선물 중개 회사들의 고객 계좌와 자기 계좌 간의 독립적인 회계 처리 여부 및 감독, 브로커·딜러 등 선물 관련자 등록·규제 등을 하는 선물업 자율 규제 기관.

National Tax Administration (한국) 국세청.
미국은 Inland Revenue Service라고 호칭한다.

nationalization 국유화(國有化).

natural wastage 자연 감원(自然減員).
Martin Lister, head of human resources at the bank explained that Unibank expects to shrink its payrolls through 'natural wastage'. Martin Lister 인사부장은 Unibank는 자연 감원을 통해 임금지출을 줄일 것이라고 설명했다.

NAV(Net Asset Value) 순자산 가치(純資產價値).
While NAV has fallen only $0.08 to $13.87, share price has declined $2.375. 순자산 가치는 겨우 8센트가 떨어져 13.87달러가 되었으나, 주가는 2.375달러나 하락했다.

NCD(negotiable certificate of deposit) 양도성 예금증서.

near money 준통화(準通貨).
저축성 예금과 거주자 외화예금으로, 직접 지불 수단으로는 통용되지 않지만 언제나 통화(요구불 예금과 현금 통화)로 전환가능하다는 점에서 준통화라 한다.

nearest month 최근 한월(最近限月).

negative carry 역마진, 역금리(逆金利).

운용비율이 조달비율보다 낮은 것.

negative clause 담보설정제한 조항.

negative interest 역금리(逆金利).

negative pledge 담보설정제한 조항.

negotiable certificate of deposit(NCD) 양도성 예금증서.

negotiable instrument 유통성이 있는 유가증권.

negotiable order of withdrawl(NOW) 수표 발행이 가능한 이자부 요구불 예금 계정으로, 요구불 예금과 저축성 예금을 결합한 것.

negotiated underwriting 증권 발행시 증권 발행 조건을 발행사(발행자)와 인수사가 개별적으로 교섭하는 방식.

negotiating bank 어음 할인 은행.

net 수익(순익)을 얻다.
I netted $300 million from the transaction. 나는 그 거래에서 3억 달러의 순이익을 냈다.
Among the most committed, however, is Bank of East Asia, Hong Kong's third largest local bank. It has moved way beyond conventional trade finance to lucrative advisory work which nets its fees as well; serving as a

bridge to help South Korean, Taiwanese, Singaporean as well as locals find their way in China. 그 중 홍콩에서 세 번째로 큰 Bank of East Asia가 가장 적극성을 띠고 있다. 전통적인 무역 금융에서 한 단계 진보하여 한국, 대만, 싱가포르 및 홍콩기업(인)들을 대상으로 중국 진출에 관한 자문업으로 수지맞는 사업을 하고 있다.

net asset 순자산(純資産).

net asset value 순자산가치(純資産價値).

net earning 순수입, 순이익.

net income 순수입, 순이익.

net lease 순 리스.
리스 물건에 대한 유지 책임과 보험료 및 재산세 지불 임무를 임차자가 부담하는 리스이다.

net loss 순손실(純損失).

net operating loss(NOL) 세법상 조정이연이 가능한 순영업 손실.

net premium reserve 순보험료식 책임준비금(責任準備金).

net present value(NPV) 순현재가치(純現在價値).
투자로부터 얻어지는 현금 유입액의 할인 가치에서 현금 유출액의 할인 가치를 차감한 금액을 말한다.

net proceeds 순수익(純收益).

net quick assets 순당좌 자산(純當座 資産).
즉시 현금화될 수 있는 현금, 시장성 유가증권, 외상매출금 등의 유동자산에서 유동부채를 차감한 금액으로, 기업 재무상태의 유동성 판단의 기초 자료가 된다.

net sales 순매출액(純賣出額).
에누리나 환입액을 매출액으로부터 공제한 것이다.

net worth 순자산(純資産).
○ 〔참고〕 high net worth individual 개인 큰손, 부자.

netting 상호계산으로 채권(債權)과 채무(債務)를 상쇄(相殺)하는 행위.

new issue 신주(新株).

new issue volume 신주 물량(新株物量), 신규발행 물량(新規發行物量).

new money 누적된 외채 부담으로 이자 지불을 하지 못하고 있는 국가들에 대한 신규 대출.

new paper 신주(新株), 신규발행 유가증권.
Meanwhile, the dismantling of domestic barriers to

foreign investment and thriving Asian stock markets are creating worldwide investor demand for the increasing amount of new paper. 한편 외국인 투자에 대한 국내 제한 요건을 철폐한 것과 함께 아시아 증시의 활황으로 신주에 대한 세계적인 수요 확충이 일어나고 있다.

New York Futures Exchange(NYFE) 뉴욕 선물거래소.

New York Mercantile Exchange(NYMEX) 뉴욕 상업거래소.

New York Stock Exchange(NYSE) 뉴욕 증권거래소.

New Zealand Futures and Options Exchange(NZFOE) 뉴질랜드 선물·옵션거래소.

next day fund 익일 현금화 자금(翌日現金化資金).

NFA(National Futures Association) 미국선물업협회.

N.H.(not held) 중개인에게 매매가격을 맡기는 형태의 주문.

niche 틈새.
사업상 다른 사람들이 알아차리지 못한 사업 기회를 지칭하는 말이다.
The Japanese unit of US banking giant Citicorp is carving a significant niche for itself in the world's second-largest economy. 미국의 거대 은행인 시티은행 일본지사는 세계 제2위의 경제 대국(일본을 의미함)에서 상당한 규모

의 틈새시장을 파고들고 있다.

Nifty Fifty 미국에서 기관투자가들 사이에 인기 있는 50 종목의 주식, 기관 선호 종목.
Nifty Fifty stocks also tend to have higher than market average price/earnings ratios, since their growth prospects are well recognized by institutional investors. 기관 선호 주식들은 기관투자가들이 성장 전망을 좋게 보고 있어 시장 평균 주당 수익률보다 높은 주당 수익률을 나타내는 경향이 있다.

night deposit vault (은행) 야간 금고.

NLCF (National Livestock Cooperatives Federation) 축산업협동조합 중앙회.

no par (value) **stock** 무액면주식(無額面株式).

no protest 거절증서 불필요(拒絶證書不必要).

no-action letter 증권거래위원회(SEC) 등에 발급하는 승인장의 일종.
특정한 행위에 대해 이의를 제기하지 않기로 선언을 하는 것이다.

no-limit order 성립가 주문(成立價注文).

no-name stock 무명주(無名株).

Money managers get nervous in anticipation of their year-end performance reviews, so they try to spruce up their portfolios by dumping small, no-name stocks and replacing them with larger, more popular shares. 자금 운용자들은 그들의 연말 실적 평가에 대해 신경을 곤두세운다. 그래서 그들은 소형, 무명주 등을 팔고 대형 인기주를 대신 매입하여 포트폴리오를 재구성하게 된다.

NOB(Note Over Bond) 미국의 중기 재무성 증권(T-note)과 장기 재무성 증권(T-bond) 선물 가격의 차이(스프레드).

NOL(net operating loss) 세법상 조정이연이 가능한 순영업 손실.

nominal account 액면가액(額面價額).

nominal rate of discount 명목할인율(名目割引率).

nominal value 액면가치(額面價値).

nominal yield 명목이율.

nominee 명의인.

non-bank bank 비은행계 은행.
증권, 유통산업, 생산회사 등이 소유한 은행 자회사이다.

non-bank financial institute 비은행권 금융기관.
증권사, 종금사, 투신사 등을 의미한다.

non-callable(bond) 임의상환금지 채권(任意償還禁止債券).

non-competitive bid 입찰자 전원이 평균 단가를 떨어뜨려가며 하는 경매 방식.

non-cumulative dividend 비누적적 배당금.

non-cumulative preferred stock 비누적적 우선주.

non-detachable warrant 분리 불능형(分離不能型) 워런트.

non-diversified investment company 비분산 투자형 투자회사.

non-interest bearing bond 비-이자부 채권(非-利子附債券). 할인채 또는 제로 쿠폰 채권 등을 말한다.

non-marketable securities 시장성이 없는 채권.

non-negotiable securities 양도 금지형 유가증권.

non-par value stock 무액면주.
미국에 보편화되어 있는 주권에 액면이 기재되어 있지 않은 주식을 말하며, 주식의 금액적인 의미는 없고 지분에 대한 비례적 의미만 있다(비례주, 부분주).

non-participating preferred stock 비참가적 우선주.

non-payment protest 부도 통지(不渡通知).

non-performance 계약 불이행.

non-performing assets 비활성 자산(非活性資産).
Financial stocks should remain a risky sector given a large non-performing assets. 비활성 자산이 상당하다는 점을 고려할 때 금융주는 좀 위험한 쪽 같다.

non-performing debt(=non performing loan) 비활성 부채(非活性負債), 악성부채.
Seeing an improving market environment, mr. Yam believes the level of non-performing loans in Hong Kong will gradually fall as a result of rising asset prices and stronger ability by borrows to repay. 시장 상황이 호전됨에 따라 (홍콩 금융관리국의) 얌 총재는 자산 가치 상승 및 부채 상환 능력 증대에 따라 홍콩의 비활성 부채도 점차 줄어들 것으로 확신하고 있다.
Japanese financial institutions are holding large portfolios of non-performing debt. 일본 금융기관들은 대규모의 비활성 부채를 떠안고 있다.

non-profit institutions 비영리기관(非營利機關).

non-qualifing stock option 세제상의 우대 혜택은 없는 종업원의 복지를 위한 주식 구입 프로그램.

non-recourse loan 대상 프로젝트의 손익, 자본 이외로 파급할 수 없는 형태의 대출.

non-recurring charge 특별 손실(特別損失).

○ 〔참고〕 extraordinary charge 특별 손실.

non-refundable(NR) 상환 불가(償還不可).

non-resident 비거주자.

non-resident account 비거주자 계좌.

non-tariff barrier 비관세장벽.

non-taxable securities 면세증권.

non-voting stock 무의결권주식.

not held(N. H) 중개인에게 매매가격을 맡기는 형태의 주문.
The Securities and Exchange Commission no longer allows specialists to handle N.H orders, leaving floor brokers without any clear alternative except to persuade the customer to change the order to a limit order. 미국 증권거래위원회는 전문가들이 더 이상 중개인에게 매매가격을 맡기는 주문(NH 주문)을 받지 못하도록 했다. 이에 따라 플로어 브로커들은 고객에게 지정주문가로 가격 변경을 하는 것 이외에는 다른 방법이 없어지는 것이 되었다.

not rated 등급 심사를 받지 않은, 미평가된.

not reoffered(NRF) 재매각 불가신주(再賣却不可新株).
이미 구매자가 확정되어 있어 신주 인수단에 의해 일반에게 재매각되지 않는 증권 종목이다.

Not Sufficient Fund(NSF) 잔고 부족.

notarial certificate 공증서, 공증확인서(公證確認書).

notarial deed 공증서, 공증확인서(公證確認書).

note 약속어음, 중기 사채.

note issuance facility(NIF) 증권 발행 보증.
채권발행에 의한 자금 조달 방식에 신니케이트 방식을 결합, 차입자는 단기 증서(short term paper) 발행을 통하여 자금을 조달하되, 중장기의 신용 기간 내에서 동(同) 자금 조달이 인수단에 의해 항상 보장되는 새로운 기업 금융의 형태이다.

Note Over Bond(NOB) 미국의 중기 재무성 증권(T-note)과 장기 재무성 증권(T-bond) 선물 가격의 차이(스프레드).

note passed maturity 만기 경과 어음.
특정 기관이 발행한 어음이 만기일까지 상환되지 않고 기일이 경과된 어음으로, 이 경우 이자 계산은 원래의 적용 이자율과는 상이한 새로운 이자율이 적용된다.

note payable 지불어음.

note receivable 수취어음.

note to bear 소지인 지불어음.

note to order 지정인 지불어음.

notice account 통지예금(通知預金).

notice of acceptance 인수통지(引受通知).

notice of dishonor 인수 불가통지(引受不可通知), 수표 부도 통지, 수표 지불 거절통지.

notice of protest 지불 거절통지.

novation 채무 경개(債務更改).
대출 채권 판매 방법의 하나로 ①채권자와 채무자의 관계에서 어떤 채무의 이행과 함께 완전히 새로운 채무를 만드는 것, ②대출 서류상의 명의 수정을 요하는 거래 형태로서 대출 채권 판매자가 채권 매입자로 대체되고 그의 권리와 의무 일체가 승계되는 것이 있다.

NOW(negotiable order of withdrawl) 수표 발행이 가능한 이자부 요구불 예금계정으로, 요구불 예금과 저축성 예금을 결합한 것.

NPL(Non-Performing Loan) 비활성 부채, 악성부채.

NPV(net present value) 순현재가치(純現在價値).

NR (non-refundable) 상환 불가(償還不可).

NRF (Not Reoffered) 재매각불가 신주(再賣却不可新株).

NSE (Nagoya Stock Exchange) 나고야 증권거래소.

NSF (not sufficient funds) 잔고 부족.
In such a case, the check is marked NSF by the customer's bank and is returned to the depositor's bank. 그런 경우, 고객 은행에서 수표에 '잔고 부족'이라 표시하고 수표를 발행한 은행으로 돌려보낸다.

nudge up 소폭 상승(하다).
  ○ 〔참고〕 nudge down 소폭 하락(하다), edge up 소폭 상승(하다).

Number Account 스위스의 무기명예금(無記名預金).

NYFE (New York Futures Exchange) 뉴욕 선물거래소.

NYMEX (New York Mercantile Exchange) 뉴욕 상업거래소.

NYSE (New York Stock Exchange) 뉴욕 증권거래소.

NZFOE (New Zealand Futures and Options Exchange) 뉴질랜드 선물·옵션거래소.

OBHC(One Bank Holding Company) (미국의) 단일은행지주회사 (單一銀行持株會社).
미국의 경우 지점 없이 본점만 있는 이러한 은행들이 흔히 있다.

obligation 채무, 부채.
Do you have any other obligations to meet this month?
이번 달에 상환해야 할 또 다른 채무가 있습니까?

obligations assimilables dutresor 프랑스 국채.
프랑스 정부가 발행하는 채권으로, 고정 금리와 변동 금리의 다양한 형태로 발행한다. 장부 기입 형식이어서 해외 거래는 불가능하나 미국에서는 ADR 형태로 거래가 가능하다.

obligation bond 사채권자의 추가 비용을 보상하기 위해 미리 담보 가격을 상회하는 액면으로 발행하는 사채.

OCBC(Overseas Chinese Banking Corporation) 화교(華僑) 은행.
싱가포르에 소재해 있다.

ODA(Official Development Assistance) 일본의 대외원조기구.

odd lot 단주(端株).
미국 주식시장의 경우 100주 미만, 채권의 경우 액면가 25,000 달러 미만, 한국 주식시장의 경우 10주 미만을 단주라 한다.

odd lot dealer 단주 거래자, 단주 전문업자.

odd lotter 단주 거래자, 단주 전문업자.

OECD(Organization for Economic Cooperation and Development) 경제협력개발기구.

off-balance sheet 부외(簿外)의, 재무제표상에 나타나지 않는.

off-balance sheet transaction 부외(簿外) 거래, 재무제표에 나타나지 않는 거래.
　● 〔참고〕 on-balance transaction 재표제표에 나타나는 거래.

off-board 장외(場外)의, 뉴욕 증권거래소 밖에서 거래되는. NYSE의 별명이 the Big Board이었던 데서 유래했다.
The other kind of off-board trade occurs when a block of stock is exchanged between customers or a brokerage firm, or between a customer and the firm itself if the brokerage house wants to buy or sell securities from its own inventory. 다른 종류의 장외 거래는 대규모의 주식을 고객 간 또는 증권회사 간 또는 증권회사가 자체 고유 상품 계정의 주식을 고객과 매매하고자 할 때 발생한다.

off-board market 장외 시장.

off-hour trading services 정상적인 매매가 끝나고 난 뒤 하는 거래 업무.
On May 24, 1991 the Securities and Exchange Comission(SEC) approved NYSE Crossing Session I and II for a two-year pilot beginning June 13, 1991. These sessions represented the NYSE's initial steps in gauging demand for off-hour trading services. 1991년 5월 24일 미국 증권거래위원회는 뉴욕 증권거래소에서 시험삼아 1991년 6월 13일부터 2년간 Crossing Session I과 II의 운용을 허용했다. 이 매매 시간은 정상적인 매매가 끝나고 난 뒤에 거래를 하고 싶어 하는 수요가 얼마나 되는지를 알아보기 위해 뉴욕 증권거래소에서 시험삼아 해 본 첫 단계이다.

offer 매도호가(賣渡呼價), 공개모집(公開募集).
  ◐ 〔참고〕 the general offer 일반 (대중을 대상으로 하는) 모집.

offered price 매도호가.

offered rate 매도금리, 매도이율(賣渡利率).

offering 공개 모집, 모집.

offering circular 사업설명서(prospectus).
The offering circular or prospectus, is the document on the basis of which the investor make its investment

decision. 오퍼링 서큘러 또는 사업 설명서는 투자자가 투자에 관한 의사 결정을 하는 기초가 되는 문서이다.

offering memorandum 사채 등의 모집요강.

offering price 매도호가.

Office of the Comptroller of the Currency(OCC) (미국의) 통화감독국.

Office of National Tax Administration(ONTA) 국세청(國稅廳)의 과거 영문 명칭으로, NTA로 명칭이 변경되었다.

official check 은행 어음.

Official Development Assistance(ODA) 일본의 대외원조기구.

official discount rate 공정 보합(公定步合).

official exchange rate 공정 외환 환율.

offset 상쇄(相殺).

offshore 역외 시장. 국내 규모가 미치지 않는 시장.

offshore banking 역외 금융(域外金融). 금융기관이 어느 특정 국가에 물리적으로 위치하고 있으나, 그 나라의 금융제도와는 아무 관계를 갖지 않고 금융 기능을 수행하는 것을 말한다.

offshore banking unit(OBU) 역외 금융센터.
비거주자 간의 금융거래에 대한 조세 및 외환제도 규제상의 특전을 제공함으로써 그들의 금융거래를 중개해 주는 금융 센터로, 룩셈부르크, 홍콩, 싱가포르 등에 있다.

offshore funds 해외에 설정된 역외 펀드.

oil money 산유국에 있는 금융자산.

Old Lady 영국 중앙은행(The Bank of England)의 통칭.

oligopoly 과점(寡占).

OMF(Options Market France) 프랑스 옵션거래소.

OM Iberica(Options Market Iberica) 이베리카 옵션거래소. 스페인에 소재해 있다.

OM London(Options Market London) 런던 옵션거래소.

omitted dividend 무배당(無配當).

omnibus account 공동 구입 방식 계정.

on account(on credit) 외상으로, 신용으로(in credit).
Peter Alex purchased gasoline for $100 on account.
Peter Alex는 개솔린을 100 달러어치 외상 구매 하였다.

Note that a collection on account for services previously billed and recorded does not affect owner's equity. 과거에 외상으로(돈을 받지 않고) 행한 용역에 대해 지급 청구를 하고 장부 기재를 해 두었다가 대금을 받은 항목은 회계 등식상 자본금에는 영향이 전혀 없다는 점에 유의하시오.

on balance sheet transaction 재무제표상에 나타나는 거래. 부외 거래(off-balance sheet transaction)와 대칭되는 용어.

on demand 요구불인.

one banking holding company(OBHC) (미국의) 단일은행지주회사.

ONTA(Office of National Tax Administration) 국세청(國稅廳). 현재는 National Tax Administration으로 명칭이 바뀌었다.

OPEC(Organization of Petroleum Exporting Countries) 석유수출국기구.

open account 미결제 계정.

open competition biddings 공개 경매(公開競買).
"The stakes in the 14 listed firms will be sold through the stock market", a ministry official said. "The remaining unlisted ones will be sold either by 'open competition biddings' or sold after going public." 재경부

관리에 따르면 14개 상장사의 지분은 주식시장을 통해 처분할 것이고, 나머지 비상장 기업들은 '공개 경매' 또는 공개상장을 거쳐 매각할 것이라고 밝혔다.

open contract 미결 상태의 계약.

open end 개방형인. (상호기금, 투신 등이) 수시로 자본금 등의 증감이 가능한.
◐ 〔참고〕 closed end 폐쇄형인.

open end investment company(trust) 개방형 투자회사, 추가 설정형 투자신탁.

open end lease 대상 물건의 이체가 자유로운 리스.

open end mortgage 추가발행형 담보.

open interest 미결 상태의 계약.

open letter of credit 신용장을 개설하다.

open market operations 공개시장 조작.

open-market purchase 공개시장 매수(公開市場買受).
증권 시장에서 주식채나 채권을 사는 것을 말한다.
China's first friendly acquisition, involving an open-market purchase totalling US $ 7mn, gives the Shenzhen firm a highly prized foothold in Shanghai's property

market. 약 7백 만 달러 규모의 공개시장 매수를 통해 중국 최초의 우호적 합병에 성공함으로써 심천에 있는 그 기업은 상해 부동산 시장에서 확고한 위치를 차지했다.

open market rates 공개시장 조작 이율.

open order 취소시한 유효주문.
GTC 주문이라고도 하며, 취소할 때까지는 한번 낸 주문이 계속 유효한 것을 말한다.

open outcry 공개 발성 호가(公開發聲呼價)).
집단 경쟁 매매에서 상품의 매수 및 매도가격을 공개적으로 크게 외쳐 거래 상대방을 찾는 호가 방법이다.

open priced deals 인수공모(引受公募), 공개 인수 모집.
With other issues(open priced deals), particularly equity-linked issues such as convertible bonds and bonds with equity warrants, the pricing terms are not agreed between the issuer and the managers until shortly before the subscription agreement is executed. (인수공모라는) 다른 발행의 경우, 특히 전환사채나 신주인수권부사채 등과 같은 주식 관련채들은 발행사와 간사 간에 인수단 계약발효 직전까지도 가격 조건이 결정되지 않는다.

open pricing 발행 당시에 발행 조건을 확정하지 않고 발행 개시 후 일정 시간이 경과한 뒤, 시장 반응을 감안해 조건을 결정하는 방식.

opening balance 개시 잔고(開始殘高).

opening price 시가(始價).

opening quotation 시가(始價).

operating lease 리스 대상 물건의 임대를 목적으로 하는 리스 'true lease' 라고도 한다.

operating loss 영업손실.

operating profit 영업이익.

OPM(Other People's Money) 주식투자 등을 하여 수익률을 극대화하기 위해 빌린 자금.
  ◐ 〔참고〕 Options Pricing Model 옵션가격 모델.

opportunity cost 기회비용.

opportunity loss 기회손실.

option buyer 옵션 매입자.

option dealing 옵션부 거래, 선택권부 거래.

option holder 옵션 매입자.

option period 옵션 행사 가능기간, 선택권 행사 가능기간.

option premium 옵션 프리미엄.
옵션 시장에서 형성되는 옵션의 시장 가격으로, 기초 자산을 매수하거나 매도할 수 있는 권리 확보의 대가로 옵션 매수자가 옵션발행자에게 지불하는 금액을 말한다.

option writer 옵션 매도자, 옵션 발행자.

options 옵션, 선택권.

optional redemption 임의상환(任意償還).

Options Market France(OMF) 프랑스 옵션거래소.

Options Market Iberica(OM Iberica) 이베리카(스페인) 옵션거래소.

Options Market London(OM London) 런던 옵션거래소.

order 주문.

ordinary deposit 보통예금.

ordinary dividend 보통배당.

ordinary income 경상수입(經常收入).

ordinary interest 경상이자.

Organization for Economic Cooperation and Development

(OECD) 경제개발협력기구.

Organization of Petroleum Exporting Countries(OPEC) 석유수출국기구.

original cost 취득원가.

original issue discount 발행시 할인율.

originator 거래를 조성하는 사람.
대부분 금융기관이다.

Osaka Securities Exchange(OSE) 오사카 증권거래소.

OSE(Osaka Securities Exchange) 오사카 증권거래소.

OTC(Over-the-Counter) 장외의.

out of date check 실효(失效) 수표.

out of pocket expense 부대비용(附帶費用).

out of sync with 추세에서 벗어난, 추세선에서 벗어난.
  ○ 〔참고〕 in sync with 추세에 따라.

out of the money 옵션 거래에서 옵션을 행사해도 이익이 발생하지 않는 상황.

outright transaction 반대 거래가 없는 매도 또는 매입만의 거래.

outside director 대외직 이사, 사외 이사(社外理事).
Samsung also boasts six outside directors including German banker Franz Hirlinger-up from zero in 1997. 삼성은 1997년에는 사외 이사가 한 명도 없었으나, 현재는 독일인 은행가 프란츠 힐링거를 비롯하여 6명의 사외 이사를 두고 있다.

outstanding 현재 잔고상의.

outstanding capital stock 자본금 현재 잔고(現在殘高).

outstanding debt 차입금 잔고(借入金殘高).

overallotment 과잉 할당, 발행 물량 이상의 할당.

over-borrowing 차입 초과(借入超過).
금융기관의 차입액이 대출액을 초과하는 것이다.

overbought(OB) 매입 초과(買入超過).
증권 따위가 매점매석 등으로 너무 비싸진 상태이다.
In spite of the recent overbought condition, the Kuala Lumpur index has been able to move higher. 최근의 매입 초과에도 불구하고, 쿠알라 룸푸르의 증권 지수는 계속 상승해 왔다.

over-capitalization 과대 자본(過大資本).

over-draft 당좌대월(當座貸越).

over-drawn 예금 잔고가 없음에도 불구하고 어음, 수표 등을 발행해 결과적으로 지나치게 빌린 상태.

overdue 연체(延滯).

overhang 매도가 많아 가격상승이 방해를 받고 있는, 또는 그러한 상황.
  ● 〔참고〕 stock overhang 주식 매물 압박.

overhead 인건비(人件費), 물건비(物件費).

overissue
  수권자본금 한도를 초과하여 발행하는 주식.

overnight 익일물(翌日物).
  외환시장에서 쓰는 용어로, 그 다음 영업일에 반대 거래가 있는 오늘 거래한 스왑 거래를 지칭하며, 유로통화시장에서는 그 다음 영업일에 만기가 도래하는 오늘 발생한 차관이나 예금을 말한다.

overnight money 익일물 결제자금.

overnight repo 익일물 리포, 현선거래(現先去來).
  ● 〔참고〕 gensaki transaction 현선거래.

over par 액면초과(額面超過).

overseas assets 재외자산(在外資産).

oversold(OS) 매각 초과(賣却超過).
(너무 팔아) 가격이 빠질 대로 빠진 상태이다.
While we can get a bounce from oversold conditions, it would seem that the 1991~1992 downtrend channel is pretty dominant. 매각 초과 상태에서 반등이 있겠지만 지수는 1991~1992년의 하락 추세로 가리라는 것이 지배적인 의견이다.

oversubscription 응모 초과(應募超過).

over-the-counter(OTC) 장외시장(場外市場), 점두시장(店頭市場).
When the 10% ceiling on foreign ownership is reached, foreigners will be able to trade over the counter. 10% 외국인 소유 한도가 차면, 외국인들은 장외시장에서 거래를 할 수 있을 것이다.

overvaluation 과대평가(過大評價).

owing to bank 은행 차입(銀行借入).

Pacific Stock Exchange(PSE) 퍼시픽 증권거래소.

pack-man strategy, Pac-Man strategy 매수 대상 기업(target company)이 그에 대한 공개 매수 제안에 대항하여 거꾸로 매수 기업의 주식을 공개 매수하겠다는 제안을 내는 방어 전략.

paid check 지불어음.

paid-in capital 납입자본금.

paid-off gadfly at the annual meeting 총회꾼.

painting the table 가장매매 등을 통하여 가격을 조작하거나 장세를 살피는 것.

painting the tape 뻥끼주문.
특정 종목을 과도하게 사거나 팔아 거래가 있는 것처럼 가격을 조작해 보이는 행위로, 가격 테이프(price ticker)에 조작된 가격이 찍혀 나오도록 하는 데서 나온 표현이다.

panic buying 공황매수(恐慌買收).

대량의 거래와 급격한 가격 상승이 수반된 혼란스런 증권 구매 상황을 말한다.
○ 〔참고〕 buying spree 사재기.

panic market 시장이 공황 상태에 빠진 것.

panic selling 투매(投賣).
공황매도(恐慌賣渡), 큰 폭의 추가 하락이 예상될 때 헐값에 보유한 주식 등을 내다 파는 것.

paper currency 지폐(紙幣).

par 액면(額面).

par bond 액면 채권.
액면가와 같은 시장가격을 가진 채권을 말한다.

par issue 액면가 발행, 액면 발행.

par stock 액면주식, 액면 그대로 매매가 되는 주식.

par value 액면가치(額面價値), 액면가.

parallel loan 평행 대출(平行貸出).
두 당사자간에 다른 종류의 통화로 대출과 차입을 동시에 하는 방식이다.

parent bank 모은행(母銀行).

parent company 모기업(母企業).

pari passu 같은 순위의, 동순위(同順位)의.

parity 평가, 전환사채의 현재 가격.

parity value 패리티 가치.
이론상의 균형가치(均衡價値)를 말한다.

parking 장세 전망이 일시적으로 불투명해 보일 때 현금 포지션을 늘려 장세 변동에 대해 중립적인 자세를 취하는 것, 기업 매수와 관련하여 주식 매집자가 매집 사실을 감추기 위해 주식을 그의 브로커(또는 증권사)에 맡겨 놓는 것.
For instance, an investor will park the proceeds of a stock or bond sale in an interest-bearing money market fund while considering what other stocks or bonds to purchase. 예를 들면 투자가는 어떤 주식이나 채권을 살 것인지를 생각해 보는 동안 이자가 생기는 화폐시장기금(money market fund)에 주식이나 채권 매도로 생기는 수익금을 넣어둘 것이다.

partial delivery 일부 양도(一部讓渡).

participating preferred stock 참가적 우선주(參加的優先株).

participation bond 이익 참가 사채(利益參加社債).

participation certificate 참가 증서.

participation loan 참가 대출.

partly paid bond 일부 납입 채권, 분할 납부 채권.

partnership 조합(組合).
미국 등의 공동 경영, 동업 방식, 변호사 또는 회계사무소 등의 운영 형태로 흔히 볼 수 있다.

pass-through securities 원리금 자동이체 증권(元利金自動移替證券).

passive bond 쿠폰이 없는 채권.

passive strategy 안전 위주로 하는 투자 행위.

past due 기한이 초과된, 연체의.

pay-back period 투자회수기간(投資回收期間).

payable at sight 일람불(一覽拂).

payable on demand 요구불(要求拂).

payee 수취인(受取人).

payer, payor 지불인(支拂人).

paying agent 지불 대리인(支拂代理人).

paying bank 지불 은행(支拂銀行).

payment against acceptance 인수불(引受拂).

payment against delivery 인도불(引渡拂).

payment date 지불일, 이자 지급일.

payment on application 청구불(請求拂).

payment terms 지불 조건.

payout ratio 배당 성향(配當性向).
보통주의 배당액을 당해의 순이익으로 나눈 비율이다.

payroll 임금 대장, 종업원 명부, 고용상태.
The economist spoke for 20 minutes on the subject of non-farm payrolls and automobile sales. 그 경제학자는 20분간이나 비농가 고용 상태와 자동차 판매 상태에 대해 이야기했다.
○ [참고] off the payroll 실직 상태인, on the payroll 고용 상태인.

payup 가격 상승에 따라 추가 지불을 하는 것.

PBR(Price Book-Value Ratio) 장부가(帳簿價) 비율.

Peace Bank of Korea 평화은행(平和銀行).

peak 고가, 천정.

pegged exchange 연동환율.
중앙은행의 개입으로 외환 시세를 통제, 외환을 관리하는 것을 일컫는다.

penalty 위약금(違約金).

penalty on premature withdrawl 만기 전 해약에 따른 위약금.

pennant 차트 분석에서의 삼각깃발 모양을 나타내는 것. flag라고도 한다.

penny stock 주식 가격이 비교적 싼 소액 투자용 주식.

pension 연금(年金).

pension funds 연금 기금(年金基金).

pension plan 연금의 적립 및 운용 계획.

(The) People's Bank of China(PBOC, PBC) 중국 인민은행(중국의 중앙은행).

P/E ratio, PE ratio, P.E.R(price earnings ratio) 주당 수익률, 퍼 (PER), 주가수익배수.
At a P/E ratio of 30 or higher, "I have very little appetite

for Singapore Telecom", says Mark Hove, a director of Thornton Investment Management(HK) Ltd. "주당 수익률이 30 이상이나 되는 싱가포르 통신에는 별로 관심없습니다." 라고 Thornton 투자자문(홍콩)의 Mark Hove는 말한다.

per contra account 대조 계정.

performance 실적(實績).

performance bond 계약이행 보증서(契約履行保證書). 건설공사 등에 사용된다.

performance fund 성장형 투자신탁 펀드.

permanent financing 영구 자금 조달(永久資金調達). 기업의 영업 활동을 위해 필요한 자금을 장기성 자금에 의해 조달하는 것을 말한다.

perpetual annuity 종신연금(終身年金).

perpetual bond 영구채(永久債).

personal credit(loan) 개인 신용(個人信用).

personal income 개인 소득(個人所得).

personal income tax 개인 소득세(個人所得稅).

personal property 동산(動産).

personnel headache 인사 문제(人事問題).
Citibank, which doesn't have the personnel headaches that come with Japan's life-time employment system, has another advantage in Japan : cost control. 일본의 종신고용제도와 관련된 인사상의 문제가 없는 시티은행으로서는 일본에서 원가 조절이라는 또 다른 이점을 안고 있다.

petrobond 원유가격 연동형 사채(原油價格連動型社債).

Philadelphia Stock Exchange(PHLX) 필라델피아 증권거래소.

PHLX(Philadelphia Stock Exchange) 필라델피아 증권거래소.

physical 실물(實物), 현물(現物).
선물 등의 만기일에 매매 차액만 지불하는 방식과 실제 대상 물건을 인수하는 방식이 있는데 이러한 실제 대상을 지칭하는 말로서, actual이라고도 한다.

pickup 채권을 교환함으로써 얻는 추가 수익률.
예컨대 수익률이 9.70%인 채권을 10.00%인 채권으로 교환하면 0.30%의 pickup이 발생한다.

pick-up 증대(增大), 회복(回復).
An expected pick-up in capital expenditures and local consumption has been slow in coming. 기대했던 설비 투자와 내수 부문의 증대는 예상보다 더뎠다.

pinch 자금난(資金難), 자금난을 겪다, (재정적인) 타격을 주다.
Some securities houses, pinched by falling volume in the stock market, are also starting to stress bonds for their investors. 몇몇 증권사들은 거래량 하락에 따른 자금 압박으로 투자자들에게 채권을 매입할 것을 강권(强勸)하기 시작했다.
Slower growth in China could pinch South Korea hard at a time when its economy is already weak. 중국 경제의 침체는 한국 경제가 약해진 이 때에 타격을 심하게 줄 것이다.

pip 외환 선물거래에 이용되는 실물 외환가격과의 차액.
외환거래에서 1%의 1/100.

pipeline 발행 대기.
　○ 〔참고〕 on the pipeline (기업 등이) 발행 대기 중인.

pipeline theory(=conduit theory) 도관 이론(導管理論).
투자회사는 투자 활동에 있어서 배당, 이자, 자본 이득을 투자대상으로부터 투자자에게 전달하여 주는 역할을 할 뿐이므로 투자회사와 투자자 양측에 세금 추징은 부당하다는 이론이다.

pit 증권거래소에서 브로커가 담당하는 상품을 취급하는 장소.
우리 나라 증권거래소의 포스트(post)에 해당된다.

P/L(Profit and Loss Statement) 손익계산서.
Income statement라고도 한다.

placement 모집(募集), 신주나 신규발행 채권의 매각.

placing memorandum　(채권) 모집요강(募集要綱).
특히 사채(私債)의 경우를 말한다.
　〇〔참고〕 prospectus, offering circular　(주식) 발행설명서.

placing power　판매 능력.
유가증권이 신규발행될 경우 증권회사가 고객에게 판매할 수 있는 능력을 의미한다.
But in placing power, we cannot beat the major foreign houses.　그러나 판매 능력 측면에서는 우리는 대형 외국사들을 이길 수 없다.

plain vanilla　단순한, 전형적인, 채권 등의 발행시 파생 상품적인 요소가 없는.

play the market　장세를 조작(操作)하다.
Analysts point out that the Japanese are just getting accustomed to the new options contract and the authorities have yet to impose rules on disclosure, which would make it difficult for arbitragers to play the market.　분석가들은 일본인들이 아직 새로운 옵션계약에 익숙해지지 않았으며, 당국이 공시제도에 대한 새로운 규정을 부과하면 재정 거래업자들이 장세 조작을 하는 것이 어려워질 것이라고 지적한다.

pledge　질권(質權), 저당잡다.
All their currents have been pledged on another loan.　그

들의 유동자산은 모두 다른 부채를 얻는 데 저당잡혔다.

pledging 증권담보제도.
융자나 대주, 옵션 및 선물계약, 그리고 각종 형태의 신용을 보증하기 위해 증권에 질권이 설정되는 집중예탁기관 내의 절차이다.

plow back 이익의 재투자.

plummet (주가 등이) 폭락하다.

plunger 크게 폭락하는 종목.

point and figure chart, P&F chart 기술적 분석(차트 분석)의 하나로 O, X로 가격의 오르내림을 표시.
점선도표(點線圖表)라고도 하나 보통 원어 그대로 'P&F chart' 라고 한다.

poison pill 독약 처방(毒藥處方).
적대적 매수를 방어하기 위해 사용하는 방법으로, 회사의 가치를 감소시키는 수단이다.

policy loan 보험 계약자 대출, 정책 대출.
보험 계약을 그대로 유지하면서 계약자의 자금 조달을 가능하게 하는 대출로 계약의 해약 환급금 중 언제든지 대출이 가능하며 대출 기간 중 계약자 대출에 따른 이자를 납입해야 한다.

pooling of financing 소형 주택 차입을 정리한 하나의 채권으로서 자산을 모으는 방법.

pooling of interest 회사 합병 때 행하는 합병 후의 자산평가 수법.

portfolio 자산 구성(資産構成), 포트폴리오.

portfolio analysis 자산 구성 분석.

portfolio insurance 장세 하락시 위험을 회피하여 안정적인 자산 운용을 하기 위한 투자 수법.

portfolio management 최적 자산 관리(最適資産管理).

POSCO(Pohang Iron & Steel Co.) 포항제철(浦項製鐵).

position 포지션, 개인이나 기관투자가의 증권 보유 상태.

positive carry 자금을 차입하여 투자 활동을 할 때 차입에 따른 조달 비용이 투자수익률보다 낮은 상황, 채권 선물 계약상 현물 채권 매입자금의 조달 금리가 미래에 인도할 채권의 경상이익수익률보다 낮은 경우.

positive yield curve 우상향(右上向)의 수익률 곡선.

post 증권거래소의 포스트(입회장).

post date 후일부(後日附).

post-dated bill 후일부 수표.

postal money order 우편환(郵便換).

postal savings 우편예금.

pour money into 자금을 쏟아붓다, 집중 투자하다.
Like other Asian markets, Thailand's has shot up since the end of September as foreign investors, mostly American, have poured money into the region. 다른 아시아 증시와 마찬가지로 9월말 이래 외국인 투자가 특히 미국인들의 자금투입이 본격화되면서 태국 증시도 폭등을 했다.

power of attorney 위임장(委任狀).

power of sale 매각권(賣却權).

power shortage 전력 부족(電力 不足), 동력 부족(動力 不足).
The ongoing power shortage will remain key constraint on growth in 1994. 동력 부족이야말로 1994년도 성장 저해의 주요한 요인으로 계속 작용할 것이다.

precipium, praecipuum 주간사 수수료(主幹事手受料).
The lead manager would retain out of the management commission, as compensation for the lead management function (known as praecipuum) equal to, say, 0.125 per cent, for the principal amount of the bonds. 주간사는 주간사 업무를 수행한 대가로 간사단 수수료 중 발행 채권 원금의 0.125%에 해당하는 금액을 받게 된다.

pre-emptive right 우선적 인수권(優先的引受權).

preference share 우선주.
영국식 표현이다.

preference stock 우선주.
영국식 표현이다.

preferential creditor 우선채권자(優先債權者).

preferential duty 특혜관세(特惠關稅).

preferential right 우선채권(優先債權).

preferred dividend 우선배당.

preferred stock 우선주.

preliminary prospectus 예비사업 설명서.

premature withdrawl(=early withdrawl) 만기 이전 해약.

premium 프리미엄, 액면초과액 할증금(額面超過額割增金).

premium over conversion value 전환가격 등에서 이론적 전환가격을 상회하는 초과액.

prepaid card 선불(先拂) 카드.

prepaid expense 선급비용(先給費用).
손익계산서상의 비용으로 지출한 부분 중 그 비용의 귀속이 차기 이후에 이루어지는 것을 말한다.

prepaid interest 선급이자(先給利子), 미경과 이자.
이미 지급한 이자 비용 중 당해년도에 귀속될 이자가 아니라 차기 이후의 이자로서 이연처리해야 할 비용이다.

prepayment 전기상환(前期償還).

prepayment penalty 전기상환 위약금(前期償還違約金), 조기상환 위약금.

presale order 사전에 매각을 전제로 하고 나오는 투자가 주문, 발행 전 주문(發行前注文).
발행 전 주문은 표면 이자율 등 발행에 관한 제반 조건이 결정되기 이전에 신채권의 일부를 구입하겠다는 주문이다.

prescription period 시효(時效).

present value 현재가치(現在價値), 시가(時價).

presentation for acceptance 인수를 위한 제시.

presentation for payment 지불을 위한 제시.

presold issue 조건이 결정되기 전에 매각이 완료된 발행물.
예컨대 정부 채권 등을 발행할 경우 시장에서 인기가 좋아 수익률이나 발행 가격이 최종 결정되기 전에 매각이 완료된 유가증권을 일컫는다.

pretax income 세전 이익(稅前利益).

pre-tax loss 세전 손실(稅前損失).

price 가격.

price book-value ratio(PBR) 주가 순자산 배율(株價純資產培率).

price concession 가격 양보.

price discovery 가격 예시(價格豫示).
선물 가격은 현물 가격의 미래 가격을 알려주는 기능이 있다는 점에서 가격 예시 기능이 있다고 한다.

price/earnings multiple 퍼(PER), 주당 순이익 지수(株當純利益指數), 주가수익배수, 주당수익율.
By historical standards this market now seemes expensive, trading at price/earnings multiple at 14 or 15 times. 퍼(PER)가 14배 내지 15배나 되는 걸 보니, 그 동안의 경험에 비추어 보더라도 현재의 시장 상황은 너무 비싼(너무 과열되어 있는) 편이다.

price earnings ratio(PER) 퍼, 주당 순이익 지수, 주당수익율, 주가수익배수.

price limits   가격 제한폭(價格制限幅).
  ◐ 〔참고〕 daily price limit 일일 가격 제한폭.
  upper price limit 상한가·가격 상한(上限), lower price limit 하한가·가격 하한(下限).

price range   가격폭.

price risk   가격변동 위험(價格變動危險).

price stabilization   가격안정 조작(價格安定操作).

price support   가격안정 조작.

price-to-book value   장부가 대비 현재가치(帳簿價對比現在價值).
We came away convinced from our recent company visit to Choongnam that its share price has substantially more upside potential due to its 0.27% price-to-book value. 최근 충남(방직)을 방문해 본 결과 충남방직의 주가는 장부가(帳簿價) 기준으로 27%로밖에 반영되어 있지 않아 상승 전망이 상당히 높을 것으로 확신이 선다.

primary dealer   미국의 정부공인 증권 딜러.

primary market   발행시장.

primary mortgage market   저당증서 발행시장, 담보부 발행시

장.

prime paper 최우량 어음.
미국의 Moody's와 같은 신용평가기관에 의해 최고 수준으로 결정된 상업어음을 말한다.

prime rate 최우대 금리(最優待金利), 최우량 대출금리.
미국의 상업은행이 신용도가 가장 우수한 거래 기업에 대해 적용하는 단기우대 대출금리를 일컫는다.

principal 원금(元金), 원본(元本).

principal amount 원금 금액.

principal paying agent 주지불대리인(主支拂代理人).

principal redemption 원금상환(元金償還).

principal value 원금가치.

prior lien bond 우선담보권부 사채(優先擔保權附社債).

prior preferred stock 제일 우선주(第一優先株).

priority 우선권(優先權), 특별고객 우대정책.

priority banking 은행의 특별고객 우대업무 / VIP 서비스.
Priority banking for the banks is an extremely attractive business because a high net worth customer generates

more transactions per head than an ordinary customer. With competition so keen, banks lay down the red carpet for their priority banking customers. 은행의 특별고객 우대업무는 일반고객에 비해 특별고객으로부터 1인당 더 많은 비즈니스를 얻을 수 있어 아주 매력적인 사업 영역이다. 경쟁이 심해져 은행들은 특별 우대 고객을 위해 각종 특별 서비스를 펼치고 있다.

private bank 개인 은행.

private company 사기업(私企業), 비공개 회사(非公開會社).

private placement 사모(私募).
발행자가 특정 또는 소수의 투자자에 대해 증권을 발행하는 것이다.

pro forma 가(假)~, ~을 전제로 한.

pro rata 비율대로.

probability 확률 분포.

proceeds 수익금(收益金).

processing cost 가공처리 비용.

producer price index 생산자 물가지수.

production loan 생산물의 매각 대금을 변제 대금으로 사용하는 대출.

productivity 생산성.

profit 이익.

profit and loss statement 손익계산서.

profit center 기업 내에서 수익을 올리기 위한 업무 처리 부서, 수익을 내고 있는 부서.

profit gain 실현이익.
Japan's four major brokerage firms posted year-on-year profit gains of up to 25% in April~September, reversing a downward trend that began in 1991. The brokers were helped by a rise in trading value which averaged Yen 407 bn daily in the first half, up 58% from a year earlier. 일본 4대 증권의 연간 실현이익이 4월에서 9월 사이 자그마치 25%나 향상되었다. 이는 1991년부터 시작된 하향세를 완전히 뒤바꾸어 놓은 것이다. 증권사들은 상반기 동안 전년도 대비 58%나 향상된 일평균 4천 7십 억 엔 규모의 거래 대금 덕을 본 것으로 판단된다.

profit margin 이익폭.

profit performance-related share 실적주(實績株), 실적 관련

주(實績關聯株).
Certain smaller cap profit performance-related shares also saw some light. 일부 중소형 실적주들이 전망 있어 보인다.

profit sharing plans 종업원 복지에 이용되는 이익배분제도.

profit-taking 이식(利息), 이식 매물(利息賣物).
Shares dropped on profit-taking in slow trading on the eve of the Sino-British Joint Liaison Group Meeting. 영중 공동연합회담이 열리기 전날 밤 주가는 거래량이 부진한 가운데 이식 매물로 하락했다.

profitability 수익성.

program trading 프로그램 트레이딩. 주가가 일정 수준에 이르면 자동으로 매도 또는 매입을 하도록 컴퓨터에 설정해 두고 하는 매매.
During 1991, the NYSE published regular reports describing program trading activities on the NYSE and abroad by member firms for their customers and for their own accounts. For the purpose of these reports, program trading was defined as a wide range of portfolio trading strategies involving the purchase or sale of a basket of 15 stocks or more and valued at one million dollars or more. 1991년 뉴욕 증권거래소(NYSE)는 NYSE와 해외에서

회원사들이 고객 명의 또는 자체 명의로 행한 프로그램 트레이딩에 관한 정기보고서를 만들었다. 이 보고서에서 프로그램 트레이딩은 수백 만 달러 이상이 되는 약 15종목 이상의 다양한 포트폴리오를 운용하는 전략이라고 정의되어 있다.

progress payments 고율 지불.

progressive tax 누진과세.

project finance 어떤 프로젝트에 의해 얻어진 수익을 변제 자금으로 사용하기로 하고 행하는 대출 등의 자금 조달 행위.

promissory note 약속어음.

promoter 발기인, 주최인.

promotion from within 내부 승진(內部昇進).
Our policy is to promote from within. 우리는 내부 승진을 원칙으로 하고 있습니다.

prop up the market 장(場)을 떠받치다.
Less like is a sharp drop in stock prices, given the government's efforts to prop up the market, though some amount of asset deflation is perhaps inevitable. 정부의 장세 지지 노력을 볼 때 주가 급락은 가능성이 더 적어 보인다. 비록 일부 규모의 자산 디플레이션은 어쩔 수 없지만.

propensity to save 저축 성향.

property tax 고정자산세(固定資産税).

proprietor 개인 사업주.

proprietorship 개인 사업주 제도, 개인 사업체.
Small service-type businesses (barbershops, law offices, and auto repair shops), farms, and small retail stores (antique shops, clothing stores and bookstores) are often sole proprietorships. 소형의 서비스 위주 업체(이발소, 법률 사무소, 차량정비업소), 농장, 그리고 작은 소매점(골동품점, 의류점, 서점)들은 흔히 한 사람이 운영하는 개인 사업체이다.

proprietary trading 자기 계좌를 통한 매매.

prospectus 사업설명서.

protection 증권 발행시 주간사에 대해 일정한 할당을 신청함.
증권 발행시 인수단에 참여하는 공동 간사나 회사들에 대해 일정 할당 물량을 보장해 주는 것이다.
A lead manager should grant protection to co-managers in bought deals. bought deal의 경우 주간사는 공동 간사들에게 protection(매입 신청한 만큼의 물량 할당 보장)을 허용해 주어야 한다.

protectionism 보호무역주의.

protective duty 보호관세.

protective tariff 보호관세.

protest 지불 거절(支拂拒絶).

provision 배당금.

provisional rating 등급심사를 함.

proxy 위임장(委任狀).

proxy fight 위임장 쟁취권.

proxy statement 주주총회 소집통지.

proxy vote 위임장 투표(의결).

prudent-man rule 미국의 연금 운용상 담당자가 스스로 책임을 지고 신중하게 운영하도록 하는 관리 의무.
States not using the prudent-man system use the legal list system, allowing fiduciaries to invest only in a restricted list of securities, called the legal list. 연금 관리상 신중하게 운영하도록 하는 'prudent-man rule system'을 사용하지 않는 주는 '법적 리스트 시스템'을 사용하도록 하여 연금관리자가 법적 리스트라고 하는 범위 내에 정해진 종목의 주식만을 투자하도록 한다.

PSE(Pacific Stock Exchange) 퍼시픽 증권거래소.

PSPD(People's Solidarity for Participatory Democracy) 참여 연대.
PSPD's Participatory Economy Committee(PEC) has engaged in the minority shareholder's campaign to protect minority shareholders' rights and increase transparency of corporate management since 1997. 참여연대의 참여경제위원회는 소액주주의 권익과 기업 경영의 투명성을 높이기 위해 1997년부터 소액주주 운동을 벌였다.

public bond 공채.

public company 공개 기업.

public corporation 공사(公社), 공개 법인.

public offer, public offering 공모.

public utility bond 공익 사업채(公益事業債).

pull-back 하락 조정기, 침체기.
While the market could challenge the highs from here, we would use strength to sell. In turn, we wait for the next major pull-back to buy. 시장이 이 시점에서부터 신고점에 도달하려 하는 동안 그러한 강세(强勢)를 이용하여 매도를 하여야 한다. 그 반대로 다시 매입을 하기 위한 큰 하락 조정기를 기다려야 한다.
We consider the recent pull-back to be an ideal oppor-

tunity for accumulation. 현재의 하락 장세야말로 매집을 위한 절호의 기회로 판단합니다.

pump-prime 활성화시키다.
President Kim wants to pump-prime the economy through the construction sector. 김 대통령은 건설 분야를 통해 경제 활성화를 꾀하고 있다.

pump-priming efforts 경기 활성화, 경기 부양 조치.
Most analysts expect the retail prices to remain depressed as individual consumption showed no sign of kicking into life despite Beijing's massive pump-priming efforts. 중국 정부 당국의 경기 부양 조치에도 불구하고 개인 소비가 살아나지 않음에 따라 소비자 물가는 계속 약세를 나타낼 것으로 분석가들은 예상하고 있다.

punter 투자가, 투기꾼.
"Will the average punter have more than 50 mn Won in his account?" said Andrew Holland, director for research for BZW Securities Ltd. "I think not." "보통 투자가가 자신의 계좌에 오천만원 이상을 가지고 있을까요?" BZW 증권사의 연구 담당 이사인 Andrew Holland는 말한다. "그렇지는 않을 겁니다."

purchase 매입하다, 구매하다.

purchase acquisition 매입 형식의 합병, 흡수합병(吸收合倂).

purchase agent 매입 대리인(買入代理人).

purchase agreement 매입계약(買入契約).

purchase fund 매입자금, 구매자금, 기발행채(旣發行債)의 매입기금(買入基金).

purchase money mortgage 신규 취득 자산을 담보로 한 금융대출.

purpose loan(statement) 다른 유가증권을 취득하기 위해 유가증권을 담보로 하는 대출.

put 매도권(賣渡權).
옵션 소유자가 특정 기일까지 미리 약정된 가격으로 특정 자산을 매도할 권리를 말한다.

put bond 상환청구권부 사채(償還請求權附社債).

put option 상환청구권(償還請求權).

QIB(qualified institutional buyer) 미국 사모(私募) 시장에 참여할 수 있는 일정한 자격 요건을 갖춘 기관투자가.
Rule 144 A에 의거하여, 채권 유통 시장에 참여한다. 그 자격은 1억 달러 이상을 자기 관리하에 투자하고 있는 기관투자가이거나 1000만 달러 이상을 투자한 등록 증권사, 또는 자기 자본 2500만 달러 이상의 은행 등을 말한다.

Q-ratio, q ratio, Tobin's q ratio 토빈의 큐 비율.
기업 자산의 시장 가치와 그 자산의 대체 비용과의 관계를 보는 비율로, q가 1보다 크면 기업은 투자 동기를 가지며, q가 1보다 작으면 투자 의욕을 잃게 된다는 이론이다.

QT(questionable trade) 거래상의 오류.
There has been a mistake or QT. 실수 또는 거래상의 오류가 있어 왔다.

quadratic programming 기술적 분석상의 이차선형계획법(二次線型計劃法).

qualified institutional buyer(QIB) 미국 사모 시장에 참여할

수 있는 일정한 자격 요건을 갖춘 기관투자가.

qualified opinion 회계사 한정 의견(會計士 限定意見).
  ◐ [참고] disqualified opinion 부적정 의견.

qualifying stock option 종업원의 복지를 위한 자사주식 구입 계획, (ESOP)의 일환으로 인정하는 것.

qualitative analysis 질적 분석(質的分析).

quantitative analysis 양적 분석(量的分析).

quasi-public corporation 정부계 기관(政府系機關).

questionable trade(QT) 거래상의 오류.

quick kill(=short swing) 단기 매매, 단타.
아주 짧은 기간에 주식 등을 샀다가 파는 것을 말한다.
But those salivating for a quick kill ought to think twice. Many counters in Malaysia are being driven by a combination of shaving cream and wishful thinking. 단기 매매 기회를 엿보고 있는 사람은 다시 한번 더 생각해 볼 필요가 있다. 말레이시아 증시는 거품과 허망(虛望)으로 가득 차 있기 때문이다.

quick ratio 유동비율(流動比率).

quid pro quo 원래의 뜻은 something for something으로 기관

투자가 등이 증권사(등)의 연구 · 분석 조사 자료를 사용할 경우, 연구 · 분석 조사 자료에 대한 별도의 비용을 지급하지 않고 해당 증권사에 주문을 주겠다는 약속 또는 그러한 계약.

quiet period 발행사가 SEC에 유가증권 발행 사실 및 내용을 등록하는 과정 중의 기간, 해당 유가증권 발행 인수단에 참여한 회사들이 유가증권에 대해 광고나 판촉을 못하도록 규정되어 있는 기간.

quota(system) 수출입할당제도(輸出入割當制度).

quotation 호가(呼價).
  ○ 〔참고〕 Electronic quotation board 전광판(電光板), 시세판(時勢板).

quote machine 호가 단말기(呼價端末機).

rat account practice 쥐새끼 계좌 거래.
펀드 매니저나 시장 대리인이 거래를 자신의 개인 계좌로 하고 난 뒤 즉시 회사에 보고하지 않는 행위를 말한다.

rat trading 쥐새끼 거래.
펀드 매니저 등이 고객의 대량 주문을 내기 전 자신의 개인 계좌에 미리 동일 종목인 자신의 주식 등을 매매하는 행위를 일컫는다.

raid the market (증시가) 붕괴하다, 붕락(崩落)하다.

raider 적대적 주식 매입자(敵對的株式買入者).

raise cash 자금을 모으다.
Consider the plight of the Japanese company trying to raise cash. 자금 조달에 애쓰고 있는 일본 기업들의 곤란한 처지를 생각해 보라.

rally 급상승 장세(急上昇場勢), 급등 장세(急騰場勢).

random walk　주식시장의 불규칙한 움직임.

random-walk hypothesis, random-walk theory　랜덤 워크 가설(이론).
주식가격의 변동에 일정한 규칙이 없이 난수(random-walk number)처럼 움직인다는 가설(이론)이다.

range　가격변동폭(價格變動幅).

rate of discount　할인율(割引率).

rate of dividend　배당률(配當率).

rate of exchange　환율(換率).

rate of interest　이자율(利子率).

rate of return　수익률(收益率).

rating　등급심사(等級審査).

ratio　비율(比率).

ratio analysis　비율 분석(比率分析).

raw material　원자재(原資材).
But the lion's share of intra-regional trade remains in a raw materials and intermediate goods that form part of a chain of production for finished goods consumed in the

West. 그러나 대부분의 지역 내 무역거래는 서방 국가들에서 소모되는 완제품 생산에 부분적으로 필요한 원자재와 중간재에만 국한되어 있다.
◐ 〔참고〕 finished goods 완제품·완성재, intermediary 중간재.

reaction 반락(反落), 반응(反應).

real estate 부동산(不動産).

Real Estate Investment Trust(REIT) (미국) 부동산 투자신탁 (不動産投資信託).

real estate mortgage 부동산 담보대출(不動産擔保貸出).

real income 실질 소득(實質所得), 실수입(實收入).

real interest rate 실질 금리(實質金利).

real-name financial system, real-name financial transaction system, real-name system for financial transactions 금융실명제(金融實名制).
Kim said unless the real-name financial transaction system is introduced, corruption cannot be eliminated and collusive links between politicians and businessmen cannot be severed. 금융실명제가 도입되지 않는 한, 부정부패는 일소되지 않을 것이며, 정경유착의 고리도 단절되지 않을 것이라고 김 (대통령)은 밝혔다.

Kim called the real-name system for financial transactions an essential scheme to build a clean society. 김(대통령)은 깨끗한 사회 건설을 위해 금융실명제는 반드시 필요한 계획이라고 밝혔다.

realization of underlying value 내재 가치 실현(內在價値實現), 내재 가치 시현(內在價値示顯).
Companies such as Taekwang Industry have been stellar performers on the local exchange in Korea on the back of the realization of underlying value. 태광산업과 같은 기업들은 내재 가치 시현을 바탕으로 한국 증시에서 뛰어난 실적을 기록했다.

realized gain 실현이익(實現利益), 시현이익(示顯利益).
주식 등의 매매시 매입 가격보다 높은 가격에 매도를 하여 얻게 된 이익을 말하며, 실제 매매는 하지 않고 장부상의 현재가에 의한 이익은 평가 이익 또는 비실현 이익이라고 한다.

realized loss 실현손실(實現損失).

realized profit 실현이익(實現利益), 시현이익(示顯利益).

realized yield 실현이익(實現利益), 시현이익(示顯利益).

reallowance 증권 발행 등의 경우 판매 수수료의 할인폭(割引幅).

rebate 할인(割引).

rebound 반등(反騰).
주가 등이 한참 동안 하락하다가 일정 시점에 이르러 방향 전환하여 오르는 것을 말한다.

recapitalization 자본의 재구축, 자본 구성의 변경.

recapture 재취득(再取得).

recapture of depreciation 처분이익(處分利益).
감가상각한 자산을 처분함으로써 회수한 가격이 실제 장부가보다 높을 때 그 차액은 감가상각을 회수한 것과 같은 의미를 갖게 되는데, 이러한 감가상각 자산을 처분함으로써 얻어진 이익을 말한다.

receiver 관재인(管財人), 파산관재인(破産管財人).
기업의 재산이나 일상 업무 또는 파산 상태에 있거나 법적인 분쟁중에 있는 재산에 대해 법적인 소유재산권을 갖지 않으면서 이를 일시적으로 관리하기 위해 법원에서 임명한 사람을 말한다.

recession 경기 후퇴(景氣後退), 경기 침체(景氣沈滯).

reciprocal duty 호혜관세(互惠關稅).

reclamation 오산(誤算)의 정정(訂正), 보정(補正).

reconciliation 계좌, 전표의 일치 작업.

record date 기준일(基準日), 기산일(基算日).

recourse loan 소급권부 대출(遡及權附貸出).

recovery 장세 회복(場勢回復).

RED(Refunding Escrow Deposit) 미래의 일정 시점에 정해진 수익률에 따라 면세 부채를 투자자로부터 구매할 것을 투자자와 발행자간에 약정한 계약.

red chip 레드칩.
홍콩에 상장된 중국 본토 기업의 우량주식으로, 주로 중국 정부 산하의 자산 관리를 담당한다.
Foreign investors can choose among the three H-shares(Hong Kong-listed Chinese state enterprises), a dozen or so red chips(mainland enterprises listed in Hong Kong) and three Chinese or Sino-foreign ventures listed in New York. 외국 투자가들은 3개사의 H-주식(홍콩에 상장된 중국 국유 기업), 12사 남짓한 중국 본토 우량주식(홍콩에 상장된 중국 본토 기업), 그리고 3개사의 뉴욕에 상장된 중국 또는 중외(中外) 합작 기업의 주식 중에서 고를 수 있다.

red herring 예비사업 설명서(豫備事業說明書, preliminary)의 속칭.

redemption 상환(償還).

rediscount 재할인(再割引).

reduction(of capital) 감자(減資).

reference bank 시장 금리의 변동에 따라 예상치를 제시하는 은행.

refinance, refunding 자금(資金)의 재조달(再調達).

Refunding Escrow Deposit(RED) 미래의 일정 시점에 정해진 수익률에 따라 면세 부채를 투자자로부터 구매할 것을 투자자와 발행자 간에 약정한 계약.

regional bank 지방 은행.
○ [참고] city bank 시중은행.

registered bond 기명채권(記名債券).
소유자의 이름이 기재되어 있어 해당자 이외에는 처분이 곤란한 채권을 말한다.
○ [참고] bearer bond 소지자 채권(所持者債券).

registered representative 등록 대리인.
미국에서 Series 7 등의 유가증권 취급 자격시험을 거쳐 정식으로 등록한 증권 브로커이다.

registered securities 기명식 유가증권(記名式有價證券).

registrar 등록기관(登錄機關), 기관 명단.

registration statement 유가증권 신고서.

regression analysis 회귀 분석(回歸分析).

regular dividend 보통배당(普通配當).

regular way delivery(and settlement) 통상 수도(通常受渡).

regulated investment company 미국의 등록투자회사(登錄投資會社).

Regulation(A-Z) 미국 FRB(연방준비이사회)의 은행업무에 관한 규정.

Regulation A 미국 증권거래위원회(SEC)의 법규로서, 소규모의 새로운 증권 발행시 SEC 등록의 일부 요건 면제 규정.

Regulation G 브로커, 딜러, 기업, 은행 등이 차입금으로 주식매매하는 것을 규제하는 FRB 규칙.

Regulation Q FRB에서 저축금융기관이 제공할 수 있는 이자 상환 관련 규정.

Regulation T 증권 투자자의 신용거래한도 제한 규정.

Regulatory Reform Committee (한국) 규제개혁위원회.

rehypothecation 재담보 설정(再擔保設定).
 브로커가 고객의 신용 계좌(margin account)를 담보로 자금을 빌려주는 것을 말한다.

reimbursement 주간사 보상 경비(主幹事補償經費).
발행사가 주간사 회사에 발행과 관련하여 발생한 잡다한 비용에 대해 보상처리해 주는 것이다.

reinsurance 재보험(再保險)
한 보험사가 고객으로부터 받은 보험금의 일부 또는 전부를 안전 등의 목적상 더 큰 보험사에 보험을 가입하는 것이다.

reinvestment rate 재투자 금리(再投資金利).

REIT(real estate investment trust) (미국) 부동산 투자신탁.

rejected check 지불거절 수표.
○ 〔참조〕 dishonored check 부도 수표(不渡手票).

remargin 추가 증거금.

remittance 송금(送金).

remote banking 원거리 은행 업무.
But with advancing banking technology, remote banking is increasingly seen as an important platform of priority banking at banks such as Citibank. 은행의 하이테크 기술이 발달하면서 원거리 은행 업무가 시티은행 같은 은행의 중요 특별 우대 고객 업무의 핵심 부분이 된 것처럼 보인다.

renewal 갱신(更新).

reorganization 회사 재건(會社再建), 재정비(再整備), 재구축(再構築).

repatriation 이익 회수(利益回收).

replacement cost 대체비용(代替費用).

repo(RP, repurchase agreement) 환매조건부채권(還買條件附債券).
일정기간 경과 후 재매입하는 조건으로 채권을 매도하여 자금의 수요자가 단기 자금을 조달하는 금융 수단이다.

representation(and warranties) 선서 및 의견 표시 또는 진술(陳述).

representative office 대표 사무소(代表事務所).
주로 해외에 진출한 영업을 할 수 없는 사무소로, 현지 법인(現地法人)이나 지점 이전의 조직을 말한다. 통칭 해외 사무소(海外事務所)라고 한다.

repurchase agreement(RP) 환매조건부 채권(還買條件附債券).

rescheduling 채무 등의 변제 기간의 연장, 대출 조건의 변경 등을 나타낸다.

reserve 지불준비예치금(支拂準備預置金), 지준(支準).

reserve requirements 지불준비예치금, 지준.

resident 거주자(居住者).

residual securities 잠재주식(潛在株式).
CB, warrant 등을 말한다.

residual value 리스(Lease) 등에서 종료 시점까지의 잔존가치 (殘存價値).

resistance 저지선, 저항선.
Technical analysts believe Korean market is poised to encounter some stiff resistance. 기술적 분석가들은 한국 증시가 강한 저지선에 부딪힐 것으로 보고 있다.

resistance level (차트 분석상의) 저항선(抵抗線).

resolution 의결(議決), 결의사항(決議事項).

restricted account 신용거래 등에서 일정한 제한을 받는 고객 계좌.

retail banking 소액 거래, 소매 은행업.

retail brokerage 일반 개인투자가를 상대로 하는 증권 중개 업무.
Merrill Lynch & Co., for instance, started its own retail brokerage arm by hiring thousands of employees from

failed Yamaichi Securities Co. last summer. 메릴 린치는 작년 여름에 부도가 난 야마이치의 직원 수천 명을 채용하여 개인투자가 상대의 중개 업무를 시작했다.

retail investor 개인투자가(個人投資家).

retained earnings 이익잉여금(利益剩餘金), 유보이익(留保利益).

retention 발행 인수단의 회원이 고객에게 배당으로 주는 증권.

retirement 소각(消却), 회수(回收).

return 수익(收益).

return-guaranteed stock fund 보장형 수익증권.

return on assets(ROA) 총자산 이익(總資産利益).

return on equity(ROE) 자기자본 이익(自己資本利益).

return on investment(ROI) 투자 이익(投資利益).

revaluation 평가절상(平價切上).
고정환율제도하에서 시장 움직임이 아니라 통화 당국이 자국 통화의 가치를 상승시켜 환율을 인위적으로 하락, 조정하는 것이다.
○ 〔참고〕 devaluation 평가절하.

revenue 수입(收入), 소득(所得).

revenue bond 미국의 주정부가 세입(歲入)을 담보로 발행하는 채권.

reversal 반전(反轉), 역(逆).

reversal of trend 대세 반전(大勢反轉), 추세 역전(趨勢逆轉), 장세전환(場勢轉換).
한참 동안 오르거나 내리던 가격 동향이 반대 방향으로 움직이는 것을 말한다.
While they have attempted to move up, there is no clear reversal of trend. 주가 상승 시도가 있었으나 뚜렷한 장세 전환 기미는 보이지 않는다.

reverse hedge 역 헤지.

reverse repurchase agreement 역 현선(逆現先).

reverse split 주식의 병합(倂合).

revocable (letter of) **credit** 취소 가능 신용장(取消可能信用狀).

revolving (letter of) **credit** 갱신 가능 신용장(更新可能信用狀).

revolving credit association 계(契).

right to exercise the stock put option 주식매수청구권(株式

買受請求權).

rich 채권 등에 있어 비교적 싼 것.

right of minority shareholders 소수주주권(少數主株權).

rights issue 유상 증자(有償增資).

rights offering 신주 발행(新株發行), 주식 할당(株式割當).

risk 위험.

risk arbitrage M&A의 대상이 되는 기업의 주식을 거래하는 것.

risk averse investment 위험회피형 투자(危險回避型投資).

risk capital 위험 자본투자(危險資本投資).
venture capital이라고도 한다.

risk premium 위험도(危險度)에 따른 할증금(割增金).

riskless transaction 확정이자부 거래(確定利子附去來).

ROA(return on assets) 총자산 이익(總資産利益).

rock bottom 틀림없는 바닥, 확실한 바닥.
Even the innovator, the Citibank has devised another way to lighten its balance sheet and raise funds at the

rock bottom prices. 혁신적인 시티은행조차도 대차대조표를 가볍게 하기 위해 아주 바닥 시세에서 증자를 했다.

rocket scientist 파생 상품 개발자, 파생 상품 전문가.
원래 로켓 분야를 연구하던 수학자들이 파생 상품 개발에 참여하면서 생겨난 용어이다.
Wall Street is a slave to the forces of supply and demand in a free market system. You don't have to be a rocket scientist to recognize the oversupply condition that a secondary stock offering creates and the inevitable decline of the stock price which then results. 월스트리트는 자유시장 체제하에서 수요와 공급의 힘으로 이루어지는 곳이다. 유통시장 공급과 그로 인한 주식 하락 사태를 낳는 공급 과잉 상황을 알아차리는 데는 꼭 파생 상품 전문가가 될 필요는 없다.

ROE(return on equity) 자기자본 이익(自己資本利益).

ROI(return on investment) 투자 이익(投資利益).

roll down 옵션에서 행사 가격보다 낮은 옵션으로 바꾸는 것.

roll forward 옵션에서 행사 가격보다 높은 옵션으로 바꾸는 것.

rollover 전환.

round lot 단위주(單位株).

RP(repurchase agreement) 환매조건부 채권(還買條件附債券).

RTC(Resolution Trust Corporation) (미국) 정리신탁회사.
한국의 성업공사처럼 부실 자산을 정리해 주는 기관이다.

rulebook 규정집(規定集).
A training and competence code has been drafted which will be incorporated into the company's rulebook. 훈련 및 직무 능력에 관한 규정 초안이 만들어져 규정집에 추가되었다.

run 상승세, 활황, 인출, 갑작스런 유출.
○ [참고] run on deposit 예금인출.
The property and communications sector have had a good run. 부동산 및 통신 분야가 상승세를 띠고 있다.
The banks were threatened by a run on their deposits. 그 은행들은 예금인출 사태를 겪어야 했다.

runaway growth 과열 성장(過熱成長).
Three months after Beijing started to put the brakes on the runaway growth in the Chinese economy, investor sentiment appears to have recovered mildly from the initial shock. 중국 당국이 과열 경제성장에 제동을 건 지 3개월 만에 투자 심리가 초기의 충격에서 약간 회복된 것으로 보인다.

rundown 요약 상장현황표.

running ahead 고객 주문에 앞서 중개인 스스로 거래를 하는 것.

runoff 거래소의 최종 종가를 인쇄하는 것.

run the books 발행 인수단을 구성하다, 증권회사가 주식 발행 시 주간사 노릇을 하다.
The Swiss market welcomed a very large number of issuers from Japan many years ago when their underwriting houses were not in a position to run the books. 일본계 증권사들이 발행 인수단을 구성할 형편이 못되었던 몇 년 전만 해도 스위스 증시는 많은 일본계 기업들의 발행을 환영했었다.

run-up in the stock prices 주가(株價)의 연속 상승.
Recent run-up in the stock prices has been partly driven by improving investor confidence, more so given evidence of the economic turnaround. 최근 주가의 연속 상승은 경제 호전의 기미와 더불어 투자 심리 호전에 기인한 것이다.

rush 주문 쇄도(注文殺到).

S & L(Savings and Loan Association) (미국의) 저축대부조합(貯蓄貸付組合).

S & P(Standard and Poor's) 스탠더드 푸어 사.

safe custody 보관 예치.

safe deposit(box) 보관 예치(함).

safe harbor ① 안전항(安全港), 안전 피난처(安全避難處). 과세나 법적 책임 회피를 위한 재무 및 회계적 수단. ② 법률상 신의성실의 원칙을 준수하려는 노력이 보여 책임 면제를 받을 수 있는 규정.

sag 약세로 돌아서다, 주가 등의 가격이 하락하다.
The economic growth rate sagged from 9.3% in 1990 to 8.4% in 1991 and retreated further in the first quarter of 1992 to 7.5%. 경제성장률이 1990년의 9.3%에서 1991년에는 8.4%로 하락하더니 1992년 1/4분기에는 7.5%로 더욱 하락하였다.

sales 판매(販賣).

sales and general administrative expense 판매비 및 일체의 관리비.

sales and lease back, sale and lease back 매각 후 재(再)리스.
보험사나 금융 기관에 보유 자산을 매각 후 그 자산에 대해 다시 리스 계약을 맺는 것을 말한다.

sales promotion 판촉(販促).

salvage value 처분 가격(處分價格) / 잔존 가치.
Salvage value is an estimate of the asset's value at the end of its useful life. 잔존 가치란 만기 시점에 남은 자산 가치에 대한 추정치이다.

SAMA(Saudi Arabian Monetary Agency) 사우디아라비아 통화청.

same day funds 당일 결제 자금(當日決濟資金).
추심 등을 거치지 않고 입금 당일에 바로 결제에 사용될 수 있는 자금이다.

same day settlement 당일 결제(當日決濟).

Samurai Bond 사무라이 채(侍債).

일본 시장에서 외국 차입자가 엔 표시로 발행하는 외국채(foreign bond)이다.

Saturday night special　토요일 밤의 전격작전(電擊作戰). 전격적인 공격 매수 오퍼로 타기업을 매수하려는 작전이다. 주로 주말에 행해지는 데서 비롯된 용어이다.

savings　저축(貯蓄).

savings account　보통예금(普通預金).

Savings and Loan Association(S & L)　(미국의) 저축대부조합(貯蓄貸付組合).

savings bond　미국 정부가 저축용으로 발행하는 면세형 채권(免稅型債券).

scale order　소량 주문.

scale trading　물타기식 소량 매매, 소량 주문을 계속하여 평균 단가를 조정하는 것, 물타기 매매.

scalper　초단기 거래자(超短期去來者). 시장 가격의 미세한 변동을 이용하여 당일중의 단기간에 매매 이익을 실현시키고자 하는 거래자이다.

scorched earth policy　초토화 작전(焦土化作戰). 매수대상 기업이 취하는 방어 전략으로, 매수 기업이 가장 큰 매력을 느끼는 자산을 매각하여 기업 가치를 떨어뜨리는 것이다.

screwdriver operation 해외에서 핵심 부품을 들여가고 현지에서는 조립만 하는 등의 부실한 해외 진출 운영 방식.

scrip 주식 분할 등에 임시로 발행되는 가주권(假株券).

SDR(Special Drawing Rights) 특별인출권(特別引出權).

SEA(The Securities and Exchange Act of Korea) (한국의) 증권거래법.

SEAQ(Securities Electronic Automated Quotation) (영국) 증권 자동 매매호가 체제.

seasonal variation 장세의 계절적 변동.

seasoned issue 숙성주(熟成株).
발행 시장에서부터 유통 시장까지 통상적인 거래가 활발하여 거래량과 가격 추이를 어느 정도 예측할 수 있는 주식(증권) 종목이다.

seat 회원권(會員權).

SEC(Securities and Exchange Commission) (미국의) 증권거래위원회.

secondary distribution (증권의) 유통시장 판매(流通市場販

賣).

secondary market 유통시장.
The secondary market in Eurobonds is maintained around the clock by market-makers located in the principal capital markets of the world trading directly over the phone. 유로 채권 유통시장은 전세계 주요 자본시장의 시장 참여자들이 24시간 직접 전화로 매매에 참가해 유지하게 된다.

secondary mortgage market 담보대출 유통시장(擔保貸出流通市場).
미국의 제1차 대출기관이 저당증서를 바탕으로 발행한 각종 저당증서 담보부 채권을 매매하는 시장이다.

secondary offering (증권의) 유통시장 판매(流通市場販賣).

secret commission 비자금(秘資金).

secret funds 비자금(秘資金).
A supposedly common practice among the chaebol so far, namely 'secret funds,' relied mainly on the use of bank accounts. 지금까지 재벌 간에 흔히 관행으로 시행되어 오던 소위 비자금은 주로 은행의 (가명) 계좌를 이용해 왔다.

sector 산업별 업종(産業別業種), 분야.
Among sectors, transportations issues have held up

while a better performance developed among the banking and property sector. 각 산업별 업종 가운데 운수 관련 종목들은 비교적 하락하지 않고 잘 버텨주었다. 은행이나 부동산 관련주의 실적이 더 좋았음에도 불구하고 말이다.

sector prospects 업종 전망.

secured bond 담보부 사채(擔保附社債).

secured credit 담보부 대출(擔保附貸出).

secured loan 담보부 대출.

secured note 담보부 사채.

securties 유가증권, 증권.

Securities Act of 1933 (미국의) 1933년 증권법(證券法).
주로 발행시장에 관련된 내용을 담고 있다.

Securities Exchange Act of 1934 1934년 증권거래법(證券去來法).
주로 유통시장에 관련된 내용을 담고 있다.

securities analyst 증권 분석가(證券分析家).
증권시장 분석의 전문가이다.

Securities and Exchange Commission(SEC) (미국의) 증권거

래위원회(證券去來委員會).

securities broker 증권 브로커, 증권 중개인(證券仲介人).
stock broker라고도 한다.

securities company 증권회사.
securities house 또는 brokerage house라고도 한다.

(The) Securities and Exchange Act of Korea(SEA) (한국의)
증권거래법.

securities house 증권회사.

Securities Industry Association(SIA) (미국의) 증권업협회.

Securities Supervisory Board (과거 한국의) 증권감독원, 현재는 금융감독원으로 통합되었다.

security 증권(證券), 담보(擔保), 보증(保證).

seed money 모험기업(冒險企業, venture business) 등의 당초 투입 자금(當初投入資金), 종자돈.

segregation of duties(=separation of functions, division of works) 업무 분장.
The rationale for segregation of duties is that the work of one employee should, without a duplication of effort, provide a reliable basis for evaluating the work of

another employee. 업무 분장의 기본 정신은 업무의 중복 없이 한 사람의 업무가 다른 종업원의 업무 평가를 하는 데 신뢰할 만한 기준을 제공해 주어야 한다는 것이다.

SEHK(Stock Exchange of Hong Kong) 홍콩 증권거래소. 정식 명칭은 '香港聯合證券交易所'이다.

seigniorage 화폐 주권.
The cost of dollarization is loss of seigniorage. 우리 화폐를 미국 달러로 바꾸면 화폐 주권의 상실이란 대가를 맞게 된다.

selective buying 선별적 매수(選別的 買收), 선별 매수.

selective pick 특정 업종의 부분적 상승, 간헐적 상승, 산발적 상승(散發的上昇).
Selective pick of low P/E stocks stopped the slide. 저퍼주(低PER株)의 간헐적 상승으로 하락세가 멈추었다.

self-finance 자기 금융(自己金融).

self-regulation 자율 규제(自律規制).

self-regulatory organization(SRO) 자율 기구(自律機構).

seller 매도자(賣渡者, 파는 사람).

seller's market 매도자 시장(賣渡者市場).
사고자 하는 사람의 수가 팔고자 하는 사람의 수보다 압도적으로 많아 판매하는 측이 가격이나 물량을 마음대로 할 수 있는 시장을 말한다.
   ◯ 〔참고〕 buyer's market 구매자 시장.

seller's option 매도자 옵션.
선물계약 매도자가 반대 매매에 의해 계약의 종결 대신 실물 인도 희망시 인도할 상품의 시기와 장소 등을 우선적으로 선택할 수 있는 매도자의 선택 권리를 말한다.

selling against the box 보호 예치중인 증권을 대상으로 신용 판매하는 것.

selling agreement 판매계약(販賣契約).
증권의 발행시 판매단이 발행사와 발행 유가증권을 판매하기로 약정하는 것이다.

selling burden 매물 부담(賣物負擔).
The Finance Ministry is seeking to alleviate the selling burden in the nation's mutual-fund firms, locally known as investment trusts. (한국) 재경부에서는 투신사라 불리는 한국의 상호기금 회사들의 매물 부담을 덜어주기 위해 노력하고 있다.

selling climax 매도 절정기(賣渡絶頂期).
대량 거래 수반과 함께 급격한 주가 하락을 보이는 기간으로, 매도 절정기는 장기 약세 시장의 끝무렵에 출현한다.
Technical analysts see a climax as both a dramatic

increase in volume and a sharp drop in prices on a chart. To these analysts, such a pattern usually means that a short-term rally will soon follow, since there are few sellers left after the climax. Sometimes, a selling climax can signal the bottom of a bear market, meaning that after the climax the market will start to rise. 기술적 분석가들은 매도 절정기를 거래량이 엄청나게 증가하고 가격이 폭락하는 순간으로 본다. 이러한 매도 절정기에 대해 그러한 패턴이 나타나면 매도 절정기 이후에는 매도를 할 사람이 얼마 남아 있지 않으므로 상승세로 전환될 것으로 분석가들은 생각한다. 때로 매도 절정기는 약세장 끝무렵에 나타나 매도 절정기 이후에는 주가가 상승하기 시작한다.

selling concession (주식 신규발행 및 판매 시기의) 판매 수수료 (販賣手數料).
'concession'은 '양도'나 '양보'의 의미가 아닌 '수수료'의 의미로서, 인수·발행·판매의 경우에만 사용된다.

selling exchange 환매도(換賣渡).

selling group 판매단(販賣團).

selling order 매도주문(賣渡注文).

selling pressure 매물 압박(賣物壓迫).

selling restriction 판매 제한규정.

Each syndicate member is responsible for ensuring that it complies with all applicable securities law and the issuer generally imposes contractual restrictions on syndicate members, known as selling restrictions. 인수단의 구성 회사들은 모든 적용 가능한 증권법에 따라야 할 책임을 져야 하고, 발행사는 일반적으로 인수단 회사들에 대해 판매제한규정이라는 계약서상의 제한규정을 따르도록 해야 한다.

selling short 공매(空賣).

sell off, selling off 투매(投賣), 매각(賣却).
Use any sell-off to aggressively buy the market. You haven't seen anything yet. 나중에 적극적인 시장 매입을 하기 위해 현재 가능한 보유 물량을 처분하라. 아직까지 최악의 상태는 오지 않았다.

sell out 매도 처분(賣渡處分).
추가 증거금 등을 납입하지 않았을 경우 매각하는 것이다.

sell signal 매도 신호(賣渡信號).

senior debt 상위변제순위채무(上位辨濟順位債務).

senior securities 상위변제순위증권(上位辨濟順位證券).

sensitive market (적은 재료 등에) 급변동을 하는 민감 시장(敏感市場).

sensitivity analysis 금리나 장세 등을 시뮬레이션해 보는 민감도 분석 기법(敏感度分析技法).

sentiment 투자 분위기(投資雰圍氣), 장세 분위기(場勢雰圍氣), 시장 분위기(市場雰圍氣).

sentiment-sensitive sector (주식 시장 등과 같이) 사람들의 심리 상태에 따라 민감하게 반응하는 산업 분야.

serial bond 연속상환발행채권(連續償還發行債券).

serial issue 연속상환발행채권.

service and infrastructure industries 서비스 및 기간산업. Similar to the energy sector, US companies are as competitive as, if not more than, their Japanese counterparts in some service and infrastructure-related industries like banking and finance, computer software, insurance and telecommunication. 에너지 분야에서와 마찬가지로 미국 기업들은 은행 금융, 컴퓨터 소프트웨어, 보험, 통신 등의 서비스 및 기간산업 관련 분야에서는 일본 기업만큼이나 경쟁력이 있다.

SES(Stock Exchange of Singapore) (과거) 싱가포르 증권거래소. 1999년 12월 1일자로 싱가포르 국제통화거래소(SIMEX)와 싱가포르 거래소(Singapore Exchange)로 통합되었다.

session 장(場).

   ○ 〔참고〕 morning session 전장(前場), afternoon session 후장(後場), the whole session 전후장 모두(미국에는 전장과 후장의 구분이 없으므로 '당일장중(當日場中) 내내' 의 의미이다).

SET(Stock Exchange of Thailand) 태국 증권거래소.

set off 상쇄(相殺)하다.

settle 결제(決濟), 청산(淸算), 수도(受渡)하다.

settlement 결제, 청산, 수도.

settlement date(day) 결제일(決濟日).

severally and jointly 연대보증(連帶保證).

severally but not jointly 비연대보증(非連帶保證).

SFE(Sydney Futures Exchange) 시드니 선물거래소.

shake out 투기 목적상 투매를 하다, 흔들기.
   흔들기는 시장에 충격을 주어 작은 규모의 시장 참여자를 밀어내는 현상을 말한다.
   In the securities markets, a shake out occurs when speculators are forced by market events to sell their positions, usually at a loss. 증권시장에서 흔들기란 투기꾼이 손해를 감수해 가며 시장 상황에 따라 할 수 없이 포지션을

팔아치워야 할 때 발생한다.

shake-out, shakeout 조직 개편(組織改編).
Key to his plan is a shakeout of the country's inefficient and corrupt financial system. 그의 계획의 골자는 비효율적이고 부패한 금융계를 개편하는 것이다.

share broker, stock broker 주식중개인(株式仲介人).

share repurchase plan 자사주식 재매입 계획(自社株式再買入計劃).
Share buyback plan이라고도 한다.

shareholder 주주(株主).

shareholder's equity 자기자본(自己資本).

shareholder's general meeting 주주총회(株主總會).

shareholder's resolution 주주의결사항.

shark repellent 상어격퇴법.
기업이 적대적 매수(敵對的買受)를 피하기 위하여 취하는 방어수단(防禦手段)의 총칭이다.

sharp advance 급등(急騰).

sharp decline 급락(急落).

shelf registration 미국 증권거래위원회(SEC)에 하는 일괄등록(一括登錄)으로, 등록금액 범위 내에서 몇 회라도 발행 가능하다.

shell company 명목상의 회사, 페이퍼 컴퍼니(paper company), 증권발행 수단으로 이용.
Kerry Media Ltd., a shell-company controlled by Mr. Kuok, agreed on Sunday to buy 523.5 million shares of the South China Morning Post from News Corp. for US$ 349 million. Mr. Kuok(郭)이 지배권을 갖고 있는 명목상의 기업인 Kerry Media Ltd.는 지난 일요일 News Corp.으로부터 South China Morning Post 신문사의 5억 2천 3백 5십만 주를 3억 4천 9백만 달러에 사들이기로 합의했다.

shell corporation 명목상의 페이퍼 컴퍼니(paper company).

shopping around 거래 조건이 좋은 금융기관을 탐색하는 행위

short bond 단기채(短期債).
통상 1년 이하를 가리킨다.

short coupon 부분 쿠폰.
신규발행채권이 정규적인 6개월분 미만의 이자를 첫 번째 이자소득으로 받는 것이다.

short covering 공매(空賣)한 부분만큼 만기매입상환(滿期買入償還)을 하는 것.

short hedge 현물 등을 보유하고 있는 상태에서 선물을 매도하여 취하는 헤지.

short interest 공매잔고(空賣殘高).
대주가 이루어졌으나 아직 재구매와 인도가 되지 않은 주식의 수.

short position 매도 포지션.
보유하고 있는 것보다 더 많이 판매하거나 또는 차입을 통해 하는 판매로 통화, 유가증권, 상품 등에서 순부채가 존재하는 것을 말한다.

short sales(against the box) 현물을 보유한 채 공매도 하는 것.

short squeeze 공매(空賣)를 하는 사람이 어쩔 수 없이 고가 매입을 하여야 하는 상황.

short supply 매입 물량에 비해 매도 물량이 부족한 상태.

short swing profits 단기매매익(短期賣買益).

short term 단기(短期).

short term debt 단기부채(短期負債).

short term investment 단기투자(短期投資).

short term loan 단기부채(短期負債).

short-term technical rebound 기술적 단기반등(技術的短期反騰).

shortage of selling orders 매물 부족 사태(賣物不足事態).
매입을 하려는 시장 참여자가 매도를 하려는 사람보다 월등히 많은 상태.

shunting 차익금을 바라고 하는 상거래.

shut for dividend 주식 명의개서 정지(株式名義改書停止).

shy of ~이 모자라는.
We are shy of funds. 우리는 자금이 부족하다.
With the over-the-counter stock fetching around $49.50 a share-shy of its 52-week high of $51.75-a cluster of senior insiders have been selling large chunk of their shares. 장외에서 주식이 연중 최고치인 51.75 달러보다 조금 모자라는 49.50 달러에 팔리는 가운데 노련한 내부자 무리들이 자신들이 보유하고 있는 상당 부분의 주식을 처분해 왔다.
The Korean market was three points shy of testing the 1987 low (456) of August 21. 8월 21일 한국 증권시장은 1987년 최저치인 456 포인트보다 3 포인트 조금 모자란 상태가 되었다.

SIA(Securities Industry Association) (미국의) 증권업협회.

SIC(Standard Industrial Classification System) 산업표준 분류체

계.

sick market 빈사 상태의 시장.

sideway drifting 횡보(橫步).

sight 일람(一覽).

sight draft 일람불 어음.

sight rate 일람불 외환비율.

silent participation 채무자에게 알리지 않고 채권자가 제3자에게 채권을 양도하는 것.

silent partner 조합의 유한책임 경영자(有限責任經營者).

SIMEX(Singapore International Monetary Exchange) (과거) 싱가포르 국제금융거래소. 1999년 12월 1일 싱가포르 증권 거래소 (SES)와 통합하여 싱가포르 거래소(Singapore)가 되었다.

simple interest 단리(單利).
　○ [참고] complex interest 복리(複利).

simulation 금리, 외환 등을 움직이게 하거나 이율에 영향을 주는 요소들을 시행(試行)해 보는 것.

Singapore International Monetary Exchange(SIMEX) (과거) 싱가포르 국제금융거래소.

single options 단순 옵션.
복합 옵션, 스트래들(straddle), 컬러(collar) 등에 대칭되는 거래이다.

sinking fund 감채기금(減債基金).

sizzle (증시 활황으로) 장이 달아오르다
Singapore market sizzles as bank's local shares jump. 싱가포르 증시가 은행주 급상승으로 달아오르고 있다.

skip-day 다다음날의 결제.

sky-rocketing 대폭등(大暴騰).

slack 가격 변동이 거의 없는, 완만한.

slaughter 투매(投賣), 주가 붕락(株價崩落).

slide 가격이 하락하다, 가격 하락(價格下落).
In part, the recent market slide was due to fears that listed companies would continue to produce negative surprise in terms of earnings and deterioration of sector prospects. 부분적이기는 하지만, 최근의 장세 하락은 상장기업들의 수익 전망이나 업종 전망이 악화되어 깜짝놀랄 결과를 가져오리라는 우려에 기인한다.

sliding 가격 하락.

sluggish 거래 등이 부진한, 한산한.

slump 경기 후퇴(景氣後退), 장세의 부진함.

slush funds 투기자금(投機資金), 비자금.
The underground economy will disappear and the slush funds will fade away. 지하경제는 사라질 것이고 비자금도 없어질 것이다.

Small Business Administration (미국의) 중소기업 금융조달 기관.

small cap. 자본금이 적은(small capitalization), 소형주(小形株)인.

small cap. performer, small cap. performance-related shares 소형 실적주(小形實績株).
Certain small-cap profit performance-related shares also saw some light. Among the smaller cap performers were pharmaceuticals, rubber, tyre, paper, and apparatus. 일부 실적 관련 소형주들도 반짝거렸다(상승했다). 소형 실적주에는 제약, 고무, 타이어, 제지, 장비 관련주 등이 들어 있다.

snake 유럽 통화의 일정 범주를 정하는 일종의 관리통화제.

soaring 주가 폭등(株價暴騰).

SOC(Social Overhead Capital) 사회간접자본(社會間接資本).

SFOE(Sweden's Futures and Options Exchange) 스웨덴 선물옵션거래소.

SOFFEX(Swiss Options and Financial Futures Exchange) 스위스 옵션금융선물거래소.

soft currency 경화(硬貨)와 대칭된 의미로서의 지폐, 강한 통화와 대칭된 의미로서의 약한 통화.

soft landing 연착륙(軟着陸).
별로 충격이 심하지 않은 경기 조정을 말한다.
Although it is too early to say whether a soft landing is in store for the Chinese economy, it would also be equally premature to compare the present situation to that in 1989. 비록 중국 경제가 연착륙을 해낼지의 여부에 대해서 얘기한다는 것은 너무 성급하지만 현 상황을 1989년의 상황과 비교해 보는 것 또한 너무 성급하다.

soft loan 연성대출(軟性貸出).
저개발국에 대해 사용할 목적으로 정한 차관이다.

soft market 약세 기조의 시장.

sold-out market 매진 시장.

solicit 권유(勸誘)하다.

solvency 지불능력.

sound banking 은행의 건전 경영.

source and application of funds statement 자금운용표(資金運用表).

sovereign entity 정부기관(政府機關).

sovereign immunity 국가 주권에 따른 면책권. 예컨대, 외국 대사관 등에 부여된다.

sovereign risk 국가 신용력, 국가·정부기관·중앙은행에 대한 여신(與信).

special bid 매매 상대가 결정되고 형식만 시장을 통하는 행위.

special bracket 인수단(syndicate)에서 상위의 위치를 차지하는 인수 그룹.

special dividend 특별배당(特別配當).

Special Drawing Rights 국제통화기금(IMF)의 특별인출권(特別引出權).

special offering 입회 시간 내에 가격을 한 가지로 결정해 대량 판매하는 방법.

special tax bond 특정 목적의 세금수입 재원을 마련하기 위해 발행하는 채권.

specialist 전문가, 전문업자, (미국) 증권거래소 회원의 하나로 고객을 대신해 주문을 내거나, 자기 자신의 계정으로 주문을 낼 수 있다.

specialist block purchase 증권거래소의 전문업자들이 행하는 대량 주문.

specialized (mutual) **fund** 특정 종목에만 투자를 하는 투자신탁.

speculation 투기(投機).

speculative market 투기 장세(投機場勢), 투기장(投機場).

spike 주가의 급격한 상승.

spin-off 회사의 일부를 잘라 버리다, 회사 일부의 재편성.

spit out 토해 내다, 쏟아져 나오다.

A malfunctioning computer software program doubled all withdrawls and transfers made at Chemical Bank automatic teller machines(ATMs) in New York state for about 12 hours. The printed record of transactions spit out by the ATM was accurate, but the computerized posting of the transactions was automatically doubled. 오작동된 컴퓨터 프로그램으로 뉴욕 주 케미컬 은행의 ATM기가 모든 출금과 계좌이체를 12시간 동안 두 번 찍어 내게 되었다. ATM에서 쏟아져 나온 인쇄된 거래 내역은 정확했다. 그러나 컴퓨터에 두 번씩 (반복) 기장됨으로써 자동으로 장부에 기재된 수치가 두 배가 되었다.

splinter group 특정 업종 주식을 집중적으로 다루는 집단. Some analysts belong to splinter group which concentrate on the securities of specific industry. 일부 분석가들은 특정 업종 주식을 집중적으로 다루는 집단에 속한다.

split 주식 분할(株式分割).

split order 대량 주문을 소량 주문으로 분할하여 처리하는 것.

split rating 복수의 신용평가기관으로부터 평가를 받아 그 평가 등급이 다른 것.

sponsor 프로젝트의 실질적 추진자, 후견인(後見人).

spot 현물(現物).

spot exchange 현물거래(現物去來).

spot market 현물시장(現物市場).

spot rate 현물시장에 형성된 이율.

spread 가격폭(價格幅).

spread sheet B/S와 P/L을 작성할 때 사용하는 계정의 배분표, 컴퓨터에서 사용되는 분석표.

spree 충동적인 경향.
  ○ 〔참고〕 buying spree 사재기.

spurt 일시적인 가격의 급상승.

square 두 가지 다른 선물(先物)을 매입과 동시에 매도하는 것 (the purchase of a futures contract and the sale of a different futures contract).

squeeze 금융긴축(金融緊縮).

stabilization 안정 조작(安定操作).

stag 투기주(投機株).

stagflation 스태그플레이션, 물가 상승과 경기 침체가 함께 발생하는 현상.

staggered office hour 시차출근제(時差出勤制).

staggering maturity 단기·중기 등의 만기를 분산시킨 투자 기법.

stake 지분, 몫.

Mr. Brian Connors sold off his entire stake of nearly 7,000 shares at an average price of $ 48.75 following the exercise of options. Mr. Brian Connors는 옵션 행사 뒤 약 7,000주에 이르는 모든 주식을 평균 48.75 달러의 가격에 처분했다.

stale check 만기가 지난 수표.

stamp duty 인지세(印紙稅).

stamp tax 인지세(印紙稅).

stampede 충동적인 움직임.
This fear has already led to a stampede of buying into a stock market. 이러한 두려움으로 인하여 주식시장의 매입세가 본격화되었다.

Standard Industrial Classification System(SIC) 미국에서 사용하고 있는, 검색을 목적으로 한 기업의 업종별 번호.

Standard & Poor's(S & P) 스탠다드 푸어 사.
미국의 신용 등급 평가·지수 등의 금융 서비스를 제공하는 회사.

Standard & Poor's Stock Price Index 스탠다드 푸어 주가지수, S & P 주가지수.

stand-by commitment 보증 및 신용공여 한도.

stand-by credit 보증 및 신용공여 한도.

standing proxy 상임대리인(常任代理人).

standstill 아무런 움직임이 없는 상태.

standstill agreement 상환유예(償還猶豫).

state securities law (미국의) 청공법(靑空法, the blue sky law)의 별칭.

stated value 표면(表面)상의 가치금액(價値金額).

statement of financial condition 재무제표(財務諸表).

statement under oath 각서(覺書).

static analysis 정태 분석(靜態分析).

statutory auditor 법정회계감사(法定會計監事).

statutory merger 법률상 인정된 대주주에 의한 강제 합병권(强制合倂權).
소액주주의 반대를 제거하는 것이 가능하다.

steady 장세가 안정적인.
Seoul made steady uphill progress last week. 지난주 서울 (증시)은 완만한 상승세를 시현했다.

steering committee 운영위원회.

stellar performance 탁월한 실적, 대활황(大活況).
In any case, no one expects a repeat in 1994 of this year's stellar performance. The Philippine market, which has risen in recent years on perennial optimism about economic recovery to come, will finally have to live with the reality of that recovery. 어떤 경우라 할지라도 그 누구도 금년의 탁월한 실적이(대활황이) 1994년에도 반복되리라고 기대하지는 않는다. 몇 년 동안 경제 회복 기대감으로 상승을 거듭했던 필리핀 증시는 이제 그 경제 회복을 정말로 맛보게 되었다.

stock 주식.

stock broker 주식 브로커.

stock certificate 주권(株券).
Proof of stock ownership is evidenced by a printed or engraved form known as a stock certificate. 인쇄되었거나 각인이 된 주권이라는 것 덕분에 주식의 소유권이 입증된다.

stock clearing corporation 주식대체결제회사(株式對替決濟會社).

stock collateral loan 주식담보금융(株式擔保金融).

stock dividend 주식배당(株式配當).

stock exchange 증권거래소.

Stock Exchange of Singapore(SES) (과거) 싱가포르 증권거래소.
1999년 12월 1일부터 SIMEX와 통합되어 싱가포르거래소(Singapore Exchange)가 되었다.

stockholder(of record) (장부상의) 주주(株主).

stockholder's equity 주주 지분.
Stockholder's equity is the ownership claim of shareholders on total assets. It is to a corporation what owner's equity is to a proprietorship. 주주 지분이란 전체 자산에 대한 주주의 소유권 주장이다. 주주 지분과 기업체와의 관계는 소유주 지분과 개인 사업체와의 관계와 같다.

stockholder's meeting 주주총회(株主總會).
annual meeting이라고도 한다.

stockholder's right 주권(株權).

stock-in-trade manipulation 주가 조작(株價操作).

stock index futures 주가지수선물(株價指數先物).

stock index options 주가지수 옵션.

stock indexes and averages 주가지수(株價指數)와 평균주가 (平均株價).

stock market 주식시장(株式市場).

stock option 주식 옵션.

stock pile 미처분 주식(未處分株式), 주식 재고(株式在庫).
A number of big brokerage firms now find themselves on large stock piles from IPOs, due to lack of investor's interests. 투자자들의 관심 부족으로 많은 증권사들은 공개 발행(IPO)한 주식들을 떠안게 되었다.

stock purchase plan 주식의 연속적·계획적 매입(종업원 사주 제도 등).

stock purchase warrant 주식인수권(株式引受權).

stock splits 주식 분할.

stock subscription 주식 청약(株式請約), 신주 응모(新株應募).

stock symbol 주식 종목명(株式種目名)의 약칭.
신문 등의 주식 호가(株式呼價)시 공간상의 제약으로 '제너럴 모터스 사(General Motors)의 우선주(preferred shares)'를 GMot pf와 같이 표시할 경우를 말한다. ticker symbol이라고도 한다.

stock register　주주명부(株主名簿).

stock transfer register　주주명의개서명부(株主名義改書名簿).

stock with par value　액면주식(額面株式).

stock without par value　무액면주식(無額面株式).

stock yield　주식 이율(株式利率).

Stockholm Options Market(SOM)　스톡홀름 옵션거래소.

stolen check　도난 수표(盜難手票).

stop limit order　지정가주문(指定價注文).

stop loss　일정 가격 이하(一定價格以下)로 하락시 행하는 매도처분(賣渡處分).
A stop loss order therefore will protect profits that have already been made or prevent further losses if the stock drops. 따라서 스톱 로스 주문은 이미 달성한 이익을 굳히고 주가 하락시 손실을 제한할 수 있는 것이다.

stop order　역지정가주문(逆指定價注文).

stop out price　미국 정부 장기채(T-bond) 입찰시 가장 낮은 가격.

stop payment　수표(手票)의 지불정지(支拂停止).

straddle 각각 하나씩의 put option과 call option의 조합으로 이루어진 옵션.

straight bond 보통사채(普通社債).

straight-line depreciation 감가상각(減價償却)의 정액법(定額法).

strap 하나의 put option과 두 개의 option 조합으로 이루어진 옵션.

strategy 전략(戰略).
금융 용어로서는 투자 전략(investment strategy), 거래 전략(trading strategy), 포트폴리오 전략(portfolio strategy)의 의미로 사용된다.

street 금융가(金融街), (미국의) 월스트리트(Wall Street).

street broker 장외 중개인(場外仲介人).

street name 차명(借名), 빌린 이름.

strength 강세(強勢), 활황기, 활황 국면.
While the market could challenge the highs from here, we would use strength to sell. 장세로 봐서는 여기서부터 신고점을 기록할 수도 있겠지만, 저희는 현재의 강세(활황)를 이용해 매도를 하고자 합니다.

strike price 옵션의 행사 가격(行使價格).
exercise price라고도 한다.

strip 하나의 put option과 두 개의 call option 조합으로 이루어진 옵션.

structured transaction 합성거래(合成去來).

stuck (주식 등의) 가격 하락으로 움직일 수 없는(자금이 빠져나올 수 없는).

subject(quote) 낌새, 기미.

sublease 재(再) 리스(lease).

subordinated 후순위(後順位)의.
　○ 〔참고〕 unsubordinated 선순위(先順位)의.

subordinated clause 후순위 조항(後順位條項).

subordinated debenture 후순위 사채(後順位社債), 열후사채(劣後社債).

subordinated debt 후순위 사채, 열후사채.

subrogation 대위변제에 대의 채권 취득.

subscription 인수(引受), 전매(轉賣)를 목적으로 신규발행 유가증권을 취득하는 것.

subscription agreement 인수계약(引受契約), 사채 발행시 체결하는 계약의 일종.

subscription period 모집 기간(募集期間).

subscription price 응모 가격(應募價格), 인수 가격(引受價格).

subscription right 신주인수권(新株引受權), 응모권(應募權).

subscription warrants 신주인수권 증서(新株引受權證書).

subsidiary 자회사(子會社), 현지법인(現地法人).

subsidy 보조금(補助金), 원조금(援助金).

substandard 채권회수(債權回收)에 약간의 문제가 있는 대출(貸出).

substitute price 대용가격(代用價格), 대용가(代用價).

substitute securities 대용증권(代用證券).

substitution 대체(代替), 대용(代用).

sum-of-the-year's digits method 연수합계법(年數合計法). 산술급수의 계산에 의하여 분수로 상각률을 계산하여 감가상각비를 계산하는 방법으로 연수의 합계를 분모로 하고, 분자를 경과 연수로 한다.

sunk cost 기투입원가(既投入原價).
이미 투입한 원가로 현재 또는 미래의 의사결정에 영향을 끼치지 않는 관련성 없는 원가를 말한다.

super majority amendment 주주총회(株主總會)에서 과반수 이상(過半數以上)의 찬성을 얻은 특별결의(特別決議).

supplier credit 수출업자 신용(輸出業者信用).

support, support level price 장세 지지선(場勢支持線), 지지선 (支持線).

supranational 국제기구(國際機構), 국제기구이.

supranational bond 국제기구채(國際機構債).

surcharge 과징금(過徵金).

surety bond 보험회사가 발행하는 보증보험증서(保證保險證書). Another requirement which must be met in a few states is the securing of surety bonds for all of a firm's salesmen. These bonds provide a sum ranging from US $ 500 to US $ 2,000 for the benefit of persons suffering losses as a result of salesmen's violation of the state's securities law. 몇몇 주(州)에서는 의무적으로 모든 (증권사) 영업사원들이 보증보험증서를 매입해야 한다. 이 증서는 500~ 2000 달러 정도의 가격인데, 영업사원이 주의 증권 법규 위반시

손실을 입은 사람들이 그 혜택을 받게 된다.

surplus 잉여(剩餘).
예를 들어 주식발행시 자본금에 들어 있지 않은 준비금으로 있는 부분 등이다.

surrender 인도(引渡).

surveillance issue 감리 종목(監理種目).

suspended trading 거래소의 매매 정지(賣買停止).

suspense account 가지불(假支拂), 가지불계정.

swap 스왑, 교환 거래(交換去來), 금리와 통화 등의 교환 거래, 통화 현물과 선물의 교환 거래, 채권의 교환 거래, 중앙은행의 외환시장 개입에 이용하는 교환 협정.

swap agreement 스왑 계약, 중앙은행 간 상호통화교환협정(相互通貨交換協定).

swap business 사업 교환을 하다, 빅딜을 하다.
That's because of uncertainty over the chaebol's response to pressure from the government to swap businesses. 그것은 정부로부터 사업 교환 압력(빅딜 압력)에 대한 재벌들의 반응이 불확실하기 때문이다.

swap cost 외환 스왑 비용.

swap transaction 금리, 통화 스왑 거래.

swaps of bonds 채권의 교환 거래.

sweatshop 작업 환경이 나쁜 저임금의 착취형 기업.
The result of the CEPD's brainstorming is an Orwellian program to transform Taiwan from a polluted sweatshop to a sophisticated economy. CEPD(경제건설위원회, Council for Economic Planning and Development)의 혁신적 조치는 대만을 오염된 착취형 기업 상태에서 고급화된 경제체제로 전환시키는 오웰식 프로그램으로 나타났다.

Sweden's Futures and Options Exchange(SFOE) 스웨덴 선물·옵션거래소.

sweep account 자동이체계정(自動移替計定).
두 종류의 예금 계약을 한 세트로 하여 어느 한 쪽이 결제자금 등의 부족시 자동적으로 다른 쪽으로부터 이체가 되는 계정이다.

sweetener 감미제(甘味劑), 감미료(甘味料).
상품의 매력을 증가하기 위한 재료로, 사채에 전환권을 부여한 전환사채가 그 예이다.

sweetheart stock deal 통정매매(通情賣買), 사기성 매매.
Investor confidence was further hurt in mid-September by the arrest of a major market player who was implicated in a sweetheart stock deal. 9월 중순 시장의 큰

손이 통정매매로 구속됨에 따라 투자 심리는 더욱 악화되었다.

SWIFT(Society for Worldwide Interbank Financial Telecommunication) 스위프트, 국제은행 간 금융통신기구, 국제금융시장에서 각국의 금융시장과 외환시장, 그리고 유로시장에서의 거래를 실제로 연계시키는 비영리 금융통신기구.

Swiss Options and Financial Futures Exchange(SOFFEX) 스위스 옵션금융선물거래소.

switch finance 스위치 금융, 무역금융에서 통화를 현지 통화와 바꾸는 것.

switching 투자신탁회사의 펀드 간 이체.

SYD(sum-of-the-year's digits method) 연수합계법(年數合計法).

Sydney Futures Exchange(SFE) 시드니 선물거래소.

syndicate 인수단(引受團).
Once the investment bank knows it has 'won the mandate' it will move as quickly as possible to spread its risk by arranging a 'syndicate' of other banks in the underwriting and distribution of the bonds. 투자 은행이 맨데이트를 땄다는 것을 알아내자마자 즉시 채권 인수 및 판매를 할 인수단을 구성하여 가능한 한 위험을 분산하려 할 것이다.

syndicated loan 협조 융자(協助融資), 신디케이트 융자.

규모가 큰 대출에 대해 은행 및 금융기관들이 함께 대출을 해 주어 위험부담을 줄이는 대출이다.

syndication 인수단 구성(引受團構成).

synergy 기업 합병(企業合倂) 등으로 상호보완효과(相互補完效果)를 증대(增大)시키는 것.

synthetic bond 스왑 및 옵션 등의 금융 기술을 조합시킨 합성사채.

systematic risk 체계적 위험(體系的 危險).
개별 증권 고유의 리스크가 아닌 시장 전체의 변동 위험(變動危險)이다.

TAB(tax anticipation bill) 조세적립(租稅積立) 어음.

Taiex 대만 가권지수(臺灣加權指數)의 애칭.
정식 명칭은 Taiwan Weighted-Average Stock Index이다.
A short-term technical rebound may take the Taiex back to 3,800 before year end. 연말 이전에 대만 가권지수는 기술적 반등으로 3800선을 회복할 것이다.

tail 미국 재무성증권의 입찰시 이용되는 평균가와 최저 입찰가와의 차이, 신주의 매수가격 표시에서 소수점 아래의 부분 (예를 들어 US $ 89.78의 매수가격은 78이 tail임).

tailgating 증권 브로커가 고객 주문에 함께 자신의 주문을 내 이익을 얻는 행위.

take a bath 투기장에 참여해 큰 손해를 보다, (속) 피박을 쓰다
I took a bath on my Daewoo shares when the market dropped last week. 지난주 장세가 하락하였을 때 대우 주식으로 피박을 썼다.

take a beating 손해를 보다.
Edgy about the frenzied trading that has more than doubled the Phillippine stock market's composite index so far this year but unwilling to miss out on further gains, investors are playing the safest option : Concentrate on blue chip stocks. "If I'm going to take a beating (during a correction), I take less of a beating with blue chips," says a local banker. 필리핀 종합지수가 금년들어 두 배 이상 오를 정도로 안달하면서도 더 큰 이익 실현의 기회를 놓치고 싶지 않은 투자가들은 가장 안전한 대안을 취하려 한다. 그것은 우량주를 사는 것이다. "조정 기간 중에 만약 손해를 봐야 한다면, 우량주를 사서 가능한 한 손해를 덜 보고 싶어요."라고 한 은행가는 말한다.

take a flier 투기 행위를 하다.
매우 위험한 투자임을 알면서도 주식 등을 구입하다.

take and pay contract 프로젝트 자금 조달에 사용되는 용어.
take or pay contract와는 달리 어떤 프로젝트에서 생산되는 상품이나 용역이 실제적으로 인도되는 조건으로, 합의한 일정량을 일정 기간 동안 일정 가격으로 구매자가 구매할 것을 보증하는 계약.

take-or-pay contract, take or pay contract 프로젝트의 최종 상품이나 서비스에 대한 최종 구매자가 당해 상품 또는 서비스의 실질적인 제공 여부 사실에 불문하고, 무조건적인 구매를 보증하는 계약.

takeover defense 인수방어(引受防禦).
적대적인 기업 인수의 대상이 되지 않기 위해 여러 가지 방어 수단을 강구하는 것이다.

takeover target 인수 대상 기업(引受對象企業).

take down 신규발행시 인수단 회원에게 주식을 배정하다.

take out 1투자자가 대량의 증권을 매각하고 이보다 적은 금액으로 대량의 다른 종목을 매입시 구좌에 남는 여분의 자금, 특정 증권에 대한 매도자의 잔여 소유분에 대한 매수 주문.

takeout loan 건설 프로젝트 대출 등에 이용되는 장기 융자.
  ○ 〔참고〕 permanent loan   장기 융자.

takeover 기업 인수(企業引受).
기업의 지배권 행사를 위한 충분한 지분을 취득하는 것으로, 적대적 기업 인수(hostile takeover)와 우호적 기업 인수(friendly takeover)가 있다.

takeover bid(TOB) 기업 인수 제의(企業引受提議), 기업 인수제안(企業引受提案), 특정 기업의 인수(매수 또는 합병) 제의 또는 시도.

taking delivery 수도된 대상 물품(유가증권)을 받는 것.

TAN(tax anticipation note) 세금 예상(稅金豫想) 어음.

tangible assets 유형자산(有形資産).

tangible networth 유형자산 중 총부채를 뺀 자기자본.

tank 하락하다.
But the measure failed. The market continued to tank, hitting 469 in August 1992—a 54% drop from the all time high. 그러나 그 조치는 실패했다. 1992년 8월에 증시는 최고치에서 54%나 하락한 469 포인트에 달할 정도로 하락을 계속했다.

↻ [참고] in the tank 하락 장세 중인.

tap ① 일정한 발행 금액을 일시에 모두 발행하는 것이 아니라 필요에 따라 수요가 있을 때 발행하는 방식으로 기간, 금액, 금리 등의 발행 조건을 개별 결정하는 것. ② 시장 등의(발행 가능성, 가격 전망) 반응을 타진해 보다.
And with interest rates in Thailand nearly double those in the US and Europe, the company wanted to tap overseas funds. 태국 금리가 미국이나 유럽 금리의 두 배 가까이 되므로, 그 (태국계) 회사는 해외 자금의 이용 가능성을 타진해 보고자 한다.

tap bill 영국 단기재정증권(Treasury Bill)으로 할인 발행되는 만기 1년 이하의 증권.

tap issue 분할발행방식(分割發行方式)의 일종.
시장의 동향을 예의 주시하다가 유리한 시기에 발행하는 방식이다.

tap security 탭 방식으로 발행되는 유가증권.
발행되는 정부의 유가증권으로 공개 시장 거래가 되는 tender system과는 달리 정부 브로커를 통해 유통시장에서 거래가 이루어진다.

tap the market 유가증권의 발행 가격이 완전히 결정되기 전 시장 등의 반응을 타진해 보다.

tape 주가와 거래량을 표시하는 테이프 형태의 게시판.

tape reader 증권의 가격 및 거래량 정보를 나타내는 테이프를 관찰하여 이를 거래 의사 결정에 참고하는 거래자.

tape reading 테이프 읽기.
증권의 가격 및 거래량 정보를 나타내는 테이프를 관찰하는 것이다.

target 인수 대상(引受對象).

target cash balance 목표 현금잔고(目標現金殘高).

target company 목표 기업(目標企業), 인수 대상 기업(引受對象 企業). 잠재적인 인수 희망 기업에 의하여 인수의 표적으로 선정된 회사이다.

target issue 특정 투자가를 대상으로 하는 채권 발행.

target payout ration 목표 배당률(目標配當率).

target price 기업 인수시의 목표 가격(目標價格), 목표로 하는 매매 가격.

tariff 관세(關稅).

tariff barrier 관세장벽(關稅障壁).

tax 세금(稅金).

tax agreement 조세협정(租稅協定).

tax anticipation bill(TAB) 조세적립(租稅績立) 어음.

tax anticipation note(TAN) 세금예상(稅金豫想) 어음.

tax base 과세표준(課稅標準).

tax basis 과세기초(課稅基礎).
자본 배분을 위해 수정된 자산의 취득원가와 같이 과세 목적상 이득과 손실을 계산하는 데 사용되는 기준이다.

tax bracket 과세소득계급(課稅所得階級), 세율구간(稅率區間).
과세소득계급은 누진세율에서는 과세소득의 증가에 따라 세율을 높이게 되는데 이 때 같은 세율을 내는 과세소득의 범위를 말한다. 세율구간은 과세소득에 대해 부과하는 세율 체계이다.

tax convention　조세협약(租稅協約).

tax court　조세심판소(租稅審判所).
납세자와 과세자 사이의 분쟁을 해결하기 위해 설립된 법정이다.

tax credit　세액 공제(稅額控除).
법인세와 소득세는 총소득 금액에서 모든 필요 경비를 차감한 과세표준 금액에 세율을 곱하여 산출 세액을 계산하게 되는데, 이 산출세액에서 차감해 주는 금액이다.

tax deduction　세액 공제(稅額控除), 손금(損金).
사업소득에서 지출되는 필요 경비나 개인소득에서 차감되는 의료비 공제, 근로소득 공제 등이 해당된다.

tax deferral　세금이연(稅金移延).
투자자가 누적된 수입을 점유할 때까지 투자에 대해 일정 기간 세금이 이연되는 것을 말한다. 즉, 이자, 배당, 지분, 평가 이익 등의 제수입에 대한 세금 연기이다.

tax deferred　이연조세(移延租稅).
실현 수익 중 미래의 어떤 기간까지 과세되지 않거나 회수되지 않은 소득이다.

tax efficient　세금 측면에서도 유리한.

As the stockmarket remains the only liquid, tax efficient investment vehicle in the real-name system era, expectations of a liquidity push have been rife. 실명제 시대에 증시만이 유일하게 유동성이 높고 세금면에서도 훌륭한 투자 수단이므로 유동성을 찾아 (증시로 몰릴 것이라는) 기대가 무성하다.

tax evasion 탈세(脫稅), 법망(法網)을 피하여 조세 부담을 감소시키는 것.

tax-exempt bond 비과세채권(非課稅債券).
채권은 지급되는 이자율이 소득세 과세 대상이 되느냐 안 되느냐에 따라 과세채권과 비과세채권으로 구분되는데, 미국의 경우 주로 지방채가 비과세 채권이다.

tax-exempt money market fund 비과세 화폐시장 기금.
지분수가 고정되어 있지 않은 개방형 투자기금으로, 단기 비과세 증권에 투자된다.

tax-free acquisition 비과세 인수(非課稅引受).
미국 세법에 따르면 기업 인수시 피인수 기업의 주식 또는 자산에 대한 인수 대가로 인수 기업의 주식이 지급되는 거래이다.
  ◐ 〔참고〕 taxable acquisition 과세인수, nontaxable acquisition 비과세인수.

tax-free exchange 비과세 주식교환(非課稅株式交換).
미국 세법상 인수 기업이 자신의 의결권 있는 주식만을 인수 대가로 하여 피인수 기업의 주식을 취득할 경우, 즉 주식교환에 의한 인수의 경우 피인수 기업의 주주들은 그 인수거래 당시에는 과세되지 않는 것을 말한다.

tax-free income 면세소득(免稅所得).

tax haven 조세피난처(租稅避難處), 조세 천국(租稅天國).
세금 회피를 할 수 있는 지역이다. safe haven이라고도 한다.
◐ [참고] 조세 피난처라 하는 것이 옳으나, 일부에서 safe haven을 safe heaven으로 오해한 데서 safe haven을 조세 천국이라고도 한다.

tax holiday 외국인의 투자유치를 장려하기 위해 일정 기간 세금을 면제해 주는 기간.

tax lease 세금 절감을 목적으로 하는 리스.

tax loss carryback 결손전기이월(缺損前期移越).
특정 과세 연도의 세액공제 대상이 되는 합계액이 당해년도 공제한도액의 합계액을 넘을 때 과거에 낸 세금을 환급받음으로써 전기이월하는 것을 말하나, 아직 우리나라에서는 시행되지 않고 있다.

tax loss carryforward 결손이월(缺損移越).
세금 목적상 기업의 적자 발생시 이를 차기 이후의 이익에서 공제할 수 있는 제도로, 한국에서는 5년간 이월이 가능하다.

tax-loss selling 과세상각매도(課稅償却賣渡).

손실을 실현시켜 과세소득을 줄일 목적으로 가치가 하락한 증권을 매각하는 것이다.

tax preference item 세금우대 항목.

tax rate 세율(稅率).

tax returns 납세신고서(納稅申告書).

tax selling 과세매도(課稅賣渡).
이익이나 손실을 발생시켜 소득세에 영향을 끼칠 목적으로 증권을 매매하는 것이다.

tax shelter 세금 절감 수단.

tax-sheltered income 세금 절감 소득(稅金節減所得).
투자 유인을 위해 납세자에게 현재 과세소득 대상의 일부를 면제하는 것으로, 투자가 완료되어 자금이 회수되는 시점에서 과세한다.

tax shields 세금 절감액.

tax swap 과세용 스왑.
가격이 하락한 증권을 매각하여 손실을 실현하면서 동시에 그와 유사한 다른 증권을 매입하는 행위이다.

tax treaty 조세협약(租稅協約).
이중과세(double tax)를 방지하기 위해 양국간에 체결.

tax year 과세 기간(課稅期間).
세금이 부과되는 기간으로, 보통 12개월이다.

taxable acquisition 과세인수(課稅引受).
미국 세법에 의거하여, 기업 인수시 피인수 기업의 주식 또는 자산에 대한 인수 대가를 인수기업이 현금 또는 채권 등으로 지불하는 거래이다.

taxable income 과세소득(課稅所得).
특정 회계년도의 과세 대상이 되는 이익금에서 세법상의 손금으로 인정되는 항목을 차감한 이익이다.

taxable municipal bond 과세 지방채(課稅地方債).
채권 발행에 의한 자금 조달액이 시나 지방 정부에 의해 사용되기 때문에, 채권소유자에게 지급되는 이자가 연방세에 대해서는 세금 면제가 안되는 지방 정부가 발행한 채권이다.

T-bill(Treasury bill) 미국의 단기 재무성 증권(1년 이하).

T-bond(Treasury bond) 미국의 장기 재무성 증권(10년 이상).

T/C(traveler's check) 여행자수표.

TCBT(Twin Cities Board of Trade) 트윈 시티 상품거래소.

TCD(term certificate of deposit) 양도가능 정기예금증서(讓渡可能定期預金證書).

tear sheet　S & P에서 발행하는 갈아끼울 수 있도록 되어 있는 상장회사 소개 책자. 한 장씩 떼어 낼 수 있다는 데에서 tear sheet라는 용어가 나왔다.

technical analysis　기술적 분석(技術的 分析).
주가 그래프 등을 이용한 장세 분석 기법의 하나이다.

technical analyst　기술적 분석가.
Technical analysts like John Schofield of Hong Kong-based Prudential Bache reckon the Singapore market is poised to rise another 10 percent in the new future. 프루덴셜 베이치 증권사의 존 스코필드 같은 기술적 분석가들은 가까운 상래에 싱가포르 주가지수가 10% 정도 상승할 것으로 보고 있다.

technical decline　자율하락, 기술적 반락.

technical event of default　흑자도산(黑字倒産).

technical rally　자율반등(自律反騰).

technical rebound　자율반등, 기술적 반등(技術的 反騰).

technical trading　재정거래(裁定去來) 등 금융 기술을 이용한 매매거래.

technically bankrupt　흑자도산 상태인.

technology-intensive industry 기술집약산업(技術集約産業).

telegraphic transfer(T/T) 전신송금(電信送金).

teller 은행·증권 등의 창구 담당자.

temporary bond 일시적으로 발행되는 채권.
주로 temporary global bond를 지칭한다.

tender offer 공개 매수(公開買收).

10-K report SEC(미국 증권거래위원회)의 연차 유가증권 보고서.

tenor 사채의 만기까지의 기간, 잔존 기간(殘存期間).

term 용어(用語), 만기(滿期), 조건(條件).

term bond 장기채(長期債).

term certificate of deposit(TCD) 양도가능 정기예금 증서(讓渡可能定期預金證書).

term loan 장기 대출(長期貸出).

term structure of yield 수익률 기간 구조(受益率期間構造).

TFE(Toronto Futures Exchange) 토론토 선물거래소.

theoretical value (증권 등의) 이론적 가격(理論的 價格).

thin margin 이익이 거의 없는 상태.

thin market 거래량이 빈약한 시장.

third market 주식 제3부 시장, 거래소 밖에서 상장 종목을 거래.

thrust 건의 사항, 추진 사항.
The overall thrust of the report has been accepted and the work is now in progress on its implementation. 그 보고서상의 전반적인 건의 사항이 모두 수용되어 시행 작업이 진행중이다.

tick 유가증권 등의 최소가격 변동단위(minimum price fluctuation).
예컨대 현재 23,200원인 A 주식이 호가 변동시 변동될 수 있는 가격 단위인 tick은 100원이므로 A 주식은 23,100원, 23,300원 등으로 될 수는 있지만, 23,220원이나 23,201원 등이 될 수는 없다.
　◯ 〔참고〕 tick, pip, basis point.

ticker(tape) 주식시세 표시 테이프.

ticker symbol 주식시세 표시 테이프에 나타나는 약칭으로 된 기업체 명칭.

예를 들면 Exxon 사(社)는 XON으로 표시한다.

ticket 전표(傳票).

tie-in sale 포함판매, (속)떨이판매.

tied loan 조건부 대출, 저개발도상국가들에 대해 특정 조건을 내세워 제공하는 대출.

TIFFE(Tokyo International Financial Futures Exchange) 동경 국제금융선물거래소.

tight market 금융긴축(金融緊縮) 상태의 시장.

tight money 금융긴축(金融緊縮).

time deposit 정기예금(定期預金).

time spread 동일 행사 가격에 만기일이 다른 풋(put)과 콜(call) 두 가지 옵션을 동시에 매매하는 것.

time value 시간적 가치.
  ○ 〔참고〕 intrinsic value 내재적 가치.

tip 정보, 귀띔.

title 부동산 등에 대한 소유권.
Edward and Annie were divorced in Jan. 1998. In accordance with divorce decree, Edward transfered the

title in their home to Annie in 1998. 에드워드와 애니는 1998년 1월에 이혼했다. 이혼합의서에 따라 에드워드는 집에 대한 소유권을 애니에게 1998년에 넘겼다.

title insurance company　소유권(기타 부동산의 권리)의 하자에 대해 보험을 해주는 회사.

T-note(Treasury note)　미국의 중기 재무성 증권(1년~10년).

TOB, T.O.B(Takeover bid)　공개매수(公開買收).

Tobin's q ratio, Q-ratio, q ratio　토빈의 큐 비율.
기업 자산의 시장 가치와 그 자산의 대체 비용과의 관계를 보는 비율로, q가 1보다 크면 기업은 투자동기를 가지며, q가 1보다 작으면 투자 의욕을 잃게 된다는 이론이다.

Tokyo International Financial Futures Exchange(TIFFE)
동경 국제금융선물거래소.

Tokyo Stock Exchange(TSE)　동경 증권거래소.

tom/next, tomorrow/next　탐넥스트.
외환시장 또는 금융시장에서 사용되는 용어로, 내일부터 그 다음 영업일까지라는 의미로 사용된다.

tombstone　묘석(墓石).
기업의 주식이나 사채 발행시 발행 조건, 인수단 등을 기재하여 새긴 기념패이다.

A tombstone may also be placed by an investment banking firm to announce its role in a private placement, corporate merger, or acquisition by a corporation to announce a major business or real estate deal. 묘석은 투자 은행에서 주식이나 사채를 발행하거나, 기업인수합병을 하거나 기업체에서 중요한 사업이나 부동산 딜이 있을 경우에 새기게 된다.

tombstone advertisement 묘석광고(墓石廣告).
신문, 잡지 등의 인쇄 매체에 주식이나 사채 발행시 새긴 묘석을 나란히 게재하는 광고이다.

tone 시장 분위기.

top rung 최고의 자리.
Leung, who started at Citibank as a forex trader and rose to head of that division, leaped to the top rung in 1999 as country corporate officer for Hong Kong. 시티은행에서 외환딜러로 시작한 룅은 외환거래 부서의 책임자가 되었다가 홍콩 담당 컨트리 매니저가 되어 최고의 자리에 올랐다.

top spot 최고위직.
Impressed by Yun's ideas about changing Samsung Electronics, Chairman Lee named him on the top spot in 1999. 삼성전자를 변혁시키려는 윤사장의 생각에 감명받아 이회장은 1999년 윤사장을 최고위직에 임명했다.

top-heavy market 장세가 하락이나 상승으로 전환될 가능성이 높은 시장.

topping out 상투를 치다, 상승세가 최고조에 달한 상태.

Toronto Futures Exchange(TFE) 토론토 선물거래소.

Toronto Stock Exchange(TSE) 토론토 증권거래소.

total market value 시가 총액(時價總額).

total return 총수익(總收益).

touch the bottom, hit the bottom 바닥을 치다, 하락세가 최저점에 달한 상태.

trade 거래, 매매, 무역.

trade balance 무역수지(貿易收支).

trade credit 무역금융(貿易金融).

trade date 거래일.

trade deficit 무역수지적자(貿易收支赤字).

trade discount 수수료 등의 업자 할인.

trade off, trade-off 상반 관계, 상충 관계(相衝關係).

The higher an investment's potential for gain, the higher its risk. Lower risk investments generally offer lower rewards. This is the classic trade off faced by every investor. 투자에 대한 수익 가능성이 높을수록 위험도 크다. 위험이 낮은 투자일수록 수익도 낮다. 이것이야말로 모든 투자가들이 직면하는 전형적인 상충 관계이다.

trade price 매매 가격.

trade secret 영업 기밀, 영업 비밀.
"That's our trade secret," Zon say, "just like the secret formula of Coca Cola." "그것은 코카콜라의 제조공식과 마찬가지로 우리들의 영업 기밀입니다." 라고 Zon은 말한다.

trade surplus 무역수지흑자(貿易收支黑字).

trade-for-trade system 개별거래결제방식(個別去來決濟方式). 집중예탁기관에서 유가증권 거래결제의 한 방식이다.

trader 증권업자, 매매담당자.

trading 매매.

trading floor 매매입회장(賣買立會場).

trading limit 매매한도(賣買限度).

trading pattern 매매추세선, 경향선(傾向線).

trading post 거래 포스트.

trading range 최고·최저가의 폭.

trading unit 매매단위(賣買單位), 거래단위(去來單位).

trading value 거래대금(去來代金).
Japan's four major brokerage firms posted year-on-year profit gains of up to 25% in April-September, reversing a downward trend that began in 1991. The brokers were helped by a rise in trading value which averaged Yen 407 billion daily in the first half, up 58% from a year earlier. 일본 4대 증권의 연간 실현이익이 4월에서 9월 사이 자그마치 25%나 향상되었다. 이는 1991년부터 시작된 하향세를 완전히 뒤바꾸어 놓은 것이다. 증권사들은 상반기 동안 전년도 대비 58%나 향상된 일평균 4천 7십 억 엔 규모의 거래대금 덕을 본 것으로 판단된다.

tranche 복수의 주식이나 채권을 동시에 발행할 때 종목마다의 단위와 회차(回次).
But what surprised many market watchers yesterday was the resilience of the bank's foreign tranche. 어제 시장 관계자를 놀라게 한 것은 해외 상장 은행주들의 탄력성이었다.

transaction 거래(去來).

transaction fee 거래수수료(去來手受料).

transaction tax 거래세(去來稅).

transfer 이전(移轉), 명의개서(名義改書).

transfer agent 명의개서대리인, 이전대리인.

transfer price 이전가격(移轉價格).

transfer tax 유가증권 이전세(有價證券移轉稅).

transferable letter of credit 양도가능 신용장(讓渡可能信用狀).

transferee 양수인(讓受人).

transferor 양도인(讓渡人).

traveler's check(T/C) 여행자수표(旅行者手票).

treasury bill 미국의 단기 재무성증권(1년 이하).

treasury bond 미국의 장기 재무성증권(10년 이상).

treasury note 미국의 중기 재무성증권(1년~10년).

treasury stock 금고주(金庫株), 자사주 취득시 회계상의 분류.

trend 추세(趨勢).

trend analysis 추세분석(趨勢分析).
차트를 이용한 기술적 분석에 이용한다.

trend line 추세선(趨勢線).

trial balance 시산표(試算表).
The post-closing trial balance contains only balance sheet accounts. Its purpose is to prove the equality of permanent account balances that are carried forward into the next accounting period. 결산 후 시산표는 재무제표 계정만 담고 있다. 그 목적은 다음 회계 기간으로 이월되는 영구계정의 등식이 성립함을 증명하는 데 있다.

triangle 추세분석 등에 이용되는 삼각형 모양.

trigger-price system 수입과징금을 발동시키는 기준가격.

trim holdings (주식 등의) 보유물량을 줄이다.
Regional Investors should trim their holdings of Hong Kong and Singapore shares and shift funds to the Indonesian, Thai and South Korean stock market in the fourth quarter, Merrill Lynch & Co. said. 4/4분기에 이 지역 투자가들은 홍콩, 싱가포르 주식 보유물량을 줄이고 자금을 인도네시아, 태국, 한국 증시로 이동시켜야 한다고 메릴린치 사에서 밝혔다.

trust 신탁.

trust account 신탁계정.

trust bank 신탁은행.

trust company 신탁회사.

trust deed 신탁증서(信託證書).

trust indenture 신탁증서.

trust receipt 무역금융에 이용되는 화물수도증(貨物受渡證).

trustee in bankruptcy 파산관재인(破産管財人).

TSE (Toronto Stock Exchange) 터론토 증권거래소.

TSE (Tokyo Stock Exchange) 동경 증권거래소.

turn around 장세전환을 하다.
The market looks unlikely to turn around in the coming months. 향후 몇 달 동안 장세전환은 없을 것 같다.

turn-around situation 장세전환국면.
At their current levels, the South Korean and Taiwan markets could well represent potential turn-around situations. 현단계로서는 한국과 대만 시장이 장세전환국면을 시현할 공산이 가장 크다.

turnkey 프로젝트의 청부 방식, 완공인도계약.

turnover 회전, 매상고, 거래량.

turnover of capital 자본회전율(資本回轉率).

turnover period 회전기간(回轉期間).

turnover tax 매상고세(賣上高稅).

Twin Cities Board of Trade(TCBT) 트윈 시티 상품거래소.

twisting 브로커가 수수료를 목적으로 고객에게 과도한 매매를 권하는 행위.
 ◐ [참고] churning 수수료를 목적으로 한 과도한 매매.

two-sided market 팔자 10,200원, 사자 9,000원의 경우와 같이 호가(呼價)는 있으나 매매가 이루어지지 않고 맞서 있는 상태.

U

UCC(Uniform Commercial Code) (미국) 통일상법전(統一商法典).

ultra vires activities 권한 이외의 행위.

uncollected funds 미자금화자금(未資金化資金), 미회수자금.

uncovered option, naked option 무방비 옵션.
옵션 행사시 인도할 수 있는 기초자산을 보유하지 않고 발행되는 옵션이다.

uncovered position, naked position 무방비 포지션.
콜옵션이나 풋옵션 중 하나만을 매입 또는 매도하는 것이다.

under capitalization 과소자본(過小資本).

under employment 저고용(低雇用), 고용 미달(雇用未達).
The statistics show that Hong Kong's labor market tightened in Q3, largely reflecting the usual higher level of economic activity during the second half of a year. The substantial decline in the under employment rate (which

refers to employed persons involuntarily working less than 35 hours a week) over the quarter indicated that the under employment rate is likely to decline further in the months ahead. 통계에 따르면 3/4분기 중 홍콩의 노동시장은 하반기 동안의 과도한 경제 활동의 영향을 받아 약간 긴축되어 있다. 지난 분기 동안 저고용율(주당 35시간 이하의 비자발적 업무에 종사함을 의미)의 상당한 하락은 향후 몇 개월 동안 더욱 하락할 가능성이 있음을 시사하는 것이다.

underground curb market 지하 사채시장(地下私債市場).
The real name system applied to the organized financial sector, and if anything, its adoption will drive more illegal funds into the underground curb market. 실명제는 공공 금융 부문에 적용되는 것이지만, 실명제 실시로 불법자금이 더욱 지하 사채시장으로 흘러 들어갈 것이다.

underlying 기초가 되는.

underlying assets 기초자산(基礎資産).

underlying commodity 기초상품(基礎商品).

underlying security 옵션 거래에서의 기초가 되는 현물증권(現物證券).

under protest 지불거절(支拂拒絶).

underwrite 인수(引受).

underwriter 인수인(引受人), 인수기관(引受機關).

underwriting 인수 업무(引受業務).

underwriting agreement 인수계약(引受契約).

underwriting group 인수단(引受團).

unearned income 불로소득, (회계) 미수수익.

unearned revenue (회계) 미수수익.
미리 돈은 받았으나 아직 해당 재화나 용역 공급 없이 해준 경우이다.
On October 2, a $1200 cash advance is received from Knox, a client, for advertising services that are expected to be completed by Dec. 31. The asset cash is increased $1200 ; the liability Unearned Revenue is increased $1200 because the service has not been rendered yet. 12월 31일까지 완성해주기로 한 광고 업무에 대한 대가로 고객인 녹스(knox) 사로부터 10월 2일 선급금을 받았다. 자산 항목인 현금이 1200 달러 증가되고, 부채 항목인 미수수익도 아직 서비스(용역) 제공이 이루어지지 않았으므로 1200 달러가 증가한다.

unemployment compensation 실업보험, 실직수당.

John is single, with no dependents. During 1999 he received wages of $15,000 and state unemployment compensation benefits of $2,000. 존은 딸린 식구가 없는 홀몸이다. 1999년 그는 15,000 달러의 일당과 정부 실직수당 2,000 달러를 받았다.

unemployment rate 실업률(失業率, jobless rate).
Nevertheless, the rising consumer prices and unemployment rate as well as mounting production losses due to the labor disputes have hammered the economy's upside potential. 그럼에도 불구하고 노사분규로 인해 증대되는 생산 손실은 물론, 올라가는 소비자 물가와 실업율로 경제성장 저해를 가져왔다.

uneven disclosure 불공정 공시(不公正公示).
It wasn't necessary to specify what those things might be ; the problems are well-known accounting sleights-of-hand, uneven disclosure, etc. 회계조작, 불공정 공시 등 이러한 문제들은 너무 빤한 것들이어서 구체적으로 열거할 필요도 없었다.

unhealthy links between business and politics 정경유착(政經癒着).
collusive links between business and politics 또는 too close links between politics and management라고도 한다.
The real name system's end objective is to cleanse the

unhealthy links between business and politics. 실명제의 궁극적 목적은 정경유착의 고리를 푸는 것이다.

unincorporated company 법인격(法人格)이 없는 회사.

unissued stock 미발행주식(未發行株式).

unit banking system 단일점포 은행제도(單一店鋪銀行制度), 단점은행제도(單店銀行制度).
한 은행이 하나의 영업점을 가지고 운영되는 제도로 주로 미국에서 채택하고 있다.

unit (investment) trust 단위형 투자신탁(單位型投資信託).

unitary tax 합산과세(合算課稅).

United States lock-up 미국식 록업(lock-up), 미국 내 판매제한 규정.
A United States lock-up is basically a method of strengthening United States selling restrictions in cases where purely contractual restrictions are thought inadequate. 미국식 판매제한 규정이란 계약서상의 판매 제한만으로는 충분치 않다고 판단될 때 판매제한을 강화하는 방법 중의 하나이다.

unload 처분하다, 매각하다.
Chief Financial Officer Brooke Seawell also unloaded his

entire stake, 4,000 shares, at $ 44.75 each, after exercising options. 수석 재무담당이사인 Brooke Seawell 또한 자신의 4,000주나 되는 모든 지분을 옵션 행사 후 1주당 44.75 달러에 처분했다.

unloading 대량매도처분(大量賣渡處分).

unpaid 미불(未拂) 상태인.

unpaid draft 부도어음.

unpaid dividend 미불배당금(未拂配當金).

unrealized loss 미실현손실(未實現損失).

unrealized profit 미실현이익(未實現利益).

unredeemed loan 미상환융자금(未償還融資金).

unsecured loan 무담보대출(無擔保貸出).

unwind a trade 반대매매(反對賣買)를 하다.

up and down price pattern 등락 패턴.
The S & P 500 futures contract continued up and down price pattern. S & P 500 선물지수는 등락을 거듭했다.

○ 〔참고〕 continue(show) up and down price pattern 등락을 거듭하다.

upcycle 상승세.

Large conglomerates could be the focus of the next rally once the economy runs into a new upcycle. 일단 경제가 상승세로 돌아서면 대형그룹주들이 다음 활황장세의 초점으로 부각될 것이다.

up-front fee(=front-end load, front-end fee) 선취수수료.

From the investor's viewpoint, the earnings from the investment should make up for this up-front fee within a relatively short period of time. 투자가의 견해에서 볼 때 투자수익은 이러한 선취수수료를 단기간 안에 커버할 수 있어야 한다.

upper and lower daily trading limit 일일 상하한가폭(一日上下限價幅).

To curb market volatility, the Korean Stock Exchange has an upper and lower daily trading limit that ranges between 2 percent and 8 percent, depending on the previous day's closing price. 지나친 시장의 급변동을 막기 위해서 한국 증권거래소는 일일 상하한가폭을 두어 전일 종가 기준으로 2~8% 범위로 가격 변동을 제한하고 있다.

uptick, up-tick 상향 틱.

tick을 참고할 것.

uptrend 상승추세(上昇趨勢).

upturn 상승전환(上昇轉換).

But this probably needs to continue for another 6~12 months before the economy is in position for a new upturn. 그러나 경제가 새로운 상승세로 돌아서기 위해서는 적어도 6~12개월이 걸릴 것이다.

usance 기한부 어음.

useful life 유효연한(有效年限).

A business enterprise typically owns a variety of productive facilities such as buildings, equipment, and motor vehicles. These assets provide service for a number of years. The term of service is commonly referred to as the useful life of the asset. 기업체는 흔히 빌딩, 기구비품, 차량 등과 같은 다양한 생산 수단을 소유하고 있다. 이러한 자산은 수년 동안 그 역할을 다해 준다. 이렇게 그 역할을 다해 주는 기간을 자산의 유효연한이라 부른다.

usury law 이식제한법(利息制限法).

value 가치.

value-added tax 부가가치세(附加價値稅).

value date 결제일(決濟日), 정산일(整算日).

Value Line Composite Index 뉴욕 증권거래소, 아메리칸 증권거래소 및 각 지역 증권거래소, 캐나다 증권거래소, 그리고 장외시장에 상장되어 있는 1700 종목의 주식을 사용하여 계산된 전반적인 주가변동 측정지수.

value line investment survey 미국 주가정보·기업정보 서비스.

variable annuity 변동형 연금(變動型年金).

value of share turnover 거래대금.

Vancouver Stock Exchange(VSE) 밴쿠버 증권거래소.

variable cost 변동비용(變動費用).

variable interest rate　변동이율, 변동금리(變動金利).

variable rate mortgage　변동금리형 부동산대출(變動金利型 不動産貸出).

variance　분산의 정도.

velocity of money　화폐유통 속도.
Lending rates will also climb as the velocity of money of the system.　여신금리는 화폐유통 속도와 더불어 상승할 것이다.

vendor　매도자(賣渡者), 매도하는 측.

venture capital　모험자본, 위험자본, 신규 기업에 투자한 회사.
　○〔참고〕 risk capital　위험자본.

vertical spread　행사 가격이 다른 동종류의 옵션을 동시에 매매하는 것.

vested interests　기득권(旣得權), 기득권층의 이익.
The good news is that Beijing has reacted to the economic overheating by biting the bullet despite strong resistance from vested interests like local government.
지방정부와 같은 기득권층의 반발에도 불구하고 중국 당국이 과열경제에 대해 모든 어려움을 감내한다는 것은 좋은 소식일 것이다.

void 무효(無效).

volatility 가격변동률(價格變動率). 가격등락폭이 심함.

volume 거래량.

voluntary reserve 임의적립금(任意積立金).

voting right 의결권(議決權).

voting stock 의결권주식(議決權株式).

voucher 증표(證票), 징표(徵票).

VSE(Vancouver Stock Exchange) (캐나다) 밴쿠버 증권거래소.

wage hike, wage increase 임금 인상.
The acceleration of public fixed investment in the coming quarters could also lead to further tightening in the labor market and push up wage increase. 다음 분기 중에는 고정공공투자 증대로 노동시장이 타이트해지고 임금 인상을 가속시킬 것이다.

waiting period(=quiet period, cooling-off period) 대기 기간.
SEC에 발행사가 발행 사실과 그 내용을 등록하고 20일 동안은 투자고객들에게 판매 권유를 할 수 없도록 하는 20일 간의 기간을 말한다. 동기간 중 발행 관련 문건에 이상이 있을 경우 수정할 수 있다.

waiver 포기, 방기(放棄).

wallflower 인기 없는 종목.

warehouse receipt 창고증권(倉庫證券).

warehousing 재고로 가지고 있음.

warrant 워런트, 신주인수권(新株引受權), 권리증서.

warrant agent 신주인수권 행사대리인(新株引受權行事代理人).

warrantability 부여율(附與率).
채권 액면에 대비하여 첨부한 warrant 액면의 크기를 나타낸 것.

wash sale 단기간의 가격조작을 통한 가장매매.

wasting assets 소모자산(消耗資産).

watch list 요주의 종목(要注意種目).
  ○ 〔참고〕 surveillance issue 감리 종목. administrative issue 관리 종목.

watered stock 물타기한 종목.
투자한 금액에 비해 회계조작, 운영 손실, 과도한 주식배당으로 해당 기업의 자산 가치가 낮아진 기업을 말한다.
  ○ 〔참고〕 scale trading 물타기 매매.

WCE(Winnipeg Commodity Exchange) 위니팩 상품거래소.

when issued 발행일 결제거래(發行日決濟去來).

white knight 적대적 매수에 대항, 우호적 매수를 하는 회사.

WI(Business Warning Index) 경기예고지수.

wide opening 매도호가와 매수호가의 가격차가 큰 상태에서 입회가 시작되는 것.

windfall profit 불로소득.

windfall profit tax 불로소득세(不勞所得稅).

winding up 회사의 청산(淸算).

widow-and-orphan stock 안정배당주(安定配當株), 자산주(資産株). 고배당을 지급하는 주식으로 흔히 베타 계수(beta coefficient)가 낮고 경기 변동에 민감하지 않다.

window dressing 분식결산(粉飾決算).
◐ 〔참고〕 accounting gimmickery 회계조작.

window guidance 창구지도(窓口指導).

Winnipeg Commodity Exchange(WCE) 위니팩 상품거래소.

wire house 중개업자.

wire transfer 전신송금(電信送金).

with recourse 상환권부(償還權附)의.

withdrawl of funds 자금인출.
The slump has been compounded by rising domestic interest rates, fueled in part by a steady withdrawl of funds from the banking system and stock market. 은행권과 주식시장으로부터 꾸준한 자금인출이 계속됨에 따른 금리

상승으로 경기침체가 더욱 악화되었다.

withholding tax 원천세(源泉稅).

without recourse 상환권(償還權)이 없는.

work sheet 정산표(精算表).
A work sheet is a multiple column form that may be used in the adjustment process and in preparing financial statements. As its name suggests, the work sheet is a working tool or a supplementary device. 정산표는 조정 과정이나 재무제표를 준비하는 데 필요한 여러 개의 세로줄 항목(칼럼)으로 표시된 양식이다. 이름에서 나타나듯이 정산표는 작업 도구이자 보충 수단이다.

working capital 운전자본(運轉資本).

working committee 실무위원회(實務委員會).

write-off 상각(償却).
More sales are in the works ; Nippon Credit Bank says it will cover a major portion of its write-off with stock sales. 더 매도할 것을 검토 중이며, 주식매도를 통해 상각 부분을 커버하리라고 일본 신용은행은 밝혔다.

writer 옵션 매도자(option seller).

written value 상각 후 가격(償却後價格).

X 배당락 또는 권리락의 표시(신문 용어).

XD(EX-dividend) 배당락.

XRT(Ex-right) 권리락.

XW(Ex-Warrant) 워런트가 팔리지 않음.

Yankee bond 양키 본드, 미국 시장에서 비거주자가 발행하는 채권.

Yellow Book 황서(黃書), 영국의 런던증시 상장안내서.
The rules governing the listing of bonds on the International Stock Exchange in London are contained in a publication issued by the Exchange entitled "Admission of Securities to Listing." It is generally referred to as the Yellow Book. 채권의 런던 증권거래소 상장에 관한 규정은 '증권상장' 이란 제목이 붙은 증권거래소 발행 책자 안에 들어 있다. 이 책자를 흔히 '황서' 라 부른다.

yen bloc 엔 블록, 엔 권역(¥ 圈域).
A yen bloc refers to a grouping of countries among which the Japanese currency is widely used as an international currency and where countries maintain stable exchange rates against the yen. 엔 권역이란 일본의 엔화가 국제 통화로서 널리 사용되고, 엔화에 대한 자국 통화가 안정적인 움직임을 보이는 국가군을 말한다.

yield 수익률(受益率).

yield curve 수익률곡선(受益率曲線).

yield spread gap 다른 채권 간의 수익률의 차.

yield structure 수익률 구조(受益率構造).

yield-to-maturity(YTM) 만기수익률(滿期受益率).

yield to put(YTP) 풋 수익률.
채권을 거치기간 후에 발행자에게 다시 팔 수 있을 경우의 수익률을 말한다.

y-o-y, YOY(year-of-year, year-on-year) 전년 대비, 연간의, 연단위 기준의.
By mid August, YOY increases in the wholesale price index was down to below 8% though, the CPI stood 13% higher in July compared with the same month of 1991. 8월 중순까지 연간 도매물가지수는 8%나 하락했으나, 7월의 소비자 물가지수는 1991년 같은 달 대비 13%나 높았다.

yo-yo-stock 요동이 심한 주식.

Z

zaibatsu 일본의 (Sony, Mitusi, Mitsubishi 등과 같은) 재벌. 한국의 재벌(chaebol) 표기와 마찬가지로 zaibatsu라는 단어는 영어에서 거의 고유명사화되었다.

zero coupon bond 할인채의 일종, 제로쿠폰 채.

찾아보기

A

account receivable	10
accounting gimmickery	410
accrual basis	12
accumulation	13
actuals	16
ad valorem duty	16
administrative issue	17
advance deposit	18
advanced purchasing	18
advancer	19
adverse opinion	19
affiliated person	20
afternoon session	21
allowance for bad debt	24
alternative investment outlet	25
anti-dilution clause	28
appraisal rights (of minority stock holders)	30
appreciation	30
arbitrage	30
arm's length transaction	30
articles of incorporation	31
ATM(Automated Teller Machine)	77
austerity drive	35
austerity measures	35

B

baby bond	38
back tax	39
back-door listing	39
bankbook	43
bankruptcy in black	44
bellweather(bond, stock)	47
big capitalization stock	49
blue-chip shares	53
board lot	53
boutique	58
branch license	59
breach of contract	59
buck the trend	62
bull run	63
buying spree	67

C

call protection	69
capital flight	71, 72
capital hemorrhage	72
capital inflow	72
capital ratio	74
cash basis	76
cash call	76
cash dispenser	77

CCEJ	79	
certificate of incorporation	80	
change hands	82	
changing hands	82	
city bank	323	
coincident composite index	89	
collusive links between politicians and businessmen	90	
company rulebook	93	
consolidation	95	
contrarian	98	
credit	105	
credit crunch	106	
credit restriction	107	
credit revolving association	108	
crossed trade	109	
customer base	113	
customer deposits	113	
cut-throat competition	114	
cyclical stock	115	

D

day trader	117
December rally	120
deposit run	124
descending tops	124
devaluation	328
disclosure	126
discretionary account	127

dishonored check	128
disqualified opinion	315
divergence	129
Don't fight the tape	131
drive up customer activated terminal	134
due diligence	135

E

EA	137
earnest money	137
electronic quotation board	141
employee stock ownership plan	141
even lot	145

F

Fair Trade Commission	150
Financial Supervisory Service	157
fire-sale, firesale	157
forced sale	164
(the) Foreign Capital Inducement Act of Korea	164
(the) Foreign Corrupt Practices Act	164
foreign exchange reserves	165
forfeiture penalty	166

fractional share	167		
front-end fee	169		
front-end load	169		
funds leakage	170		
FX reserves	165	idle money	194
		income summary	198
		Industrial Bank of Korea	200

G

I

		insider action	201
		insurance premium	203
gadfly in the annual meeting	172	Internal Revenue Service	206
give-up stage	175	International Monetary Fund	206
Global Association of Risk Professionals	175	inventory sell-off	208
go short	176	investor sentiment	210
gossip	178		
gross consideration	180		
growth stock	182		
growth-first policy	181	Japan Bond Research Institute	214
guaranteed stock	183	jobless rate	215

J

H

K

haircut	184	KAMCO	217
high	186	kicker	218
high net worth customer	187	Korea Asset Management Corporation	219
HKIBOR	186		
holdings	189	Korea Banking Institute	220
hollowing out	190	Korea Center for International Finance	220

Korea Federation of Small Businesses	220
Korea Institute of Finance	221
Korea Listed Companies Association	221
Korea Securities Dealers Association	221
KOSPI	222

L

lagging index	89
Law on Fostering the Capital Market	224
leading index	89
letter of awareness	226
LIBOR	228
loan collateral	232
loan cross-guarantee	232
loan to deposit ratio(ldr)	233
lottery ticket	238
low P/E stocks	238
low-PE stocks	238
lower price limit	303

M

marginal firm	243
mark to the market	243
mark-to-market	243
massive layoff	246
minority shareholder	249
mom-and-pop corner grocery	251
Monetary Authority of Singapore	251

N

NASDAQ	259
National Association of Insurance Commissioners	259
National Association of Securities Dealers	259
National Tax Administration	260
natural wastage	260
new issue	263
new paper	263
Nifty Fifty	265
night deposit vault	265
non-bank financial institute	266
non-performing debt	268
NSF	272

O

offering circular	275
Office of the Comptroller of the Currency	276

Official Development Assistance	276	share	306
open-market purchase	279	profit-taking	307
outside director	284	promotion from within	308
outstanding capital stock	284	PSPD	311
overbought	284	public offer	311
oversold	286	public offering	311
		pull-back	311

P

panic selling	288
payout ratio	291
penalty on premature withdrawl	292
(The) People's Bank of China	292
personnel headache	294
physicals	16
pinch	295
placing memorandum	296
placing power	296
play the market	296
pledge	296
policy loan	297
praecipuum	299
precipium	299
price/earnings multiple	302
priority banking	304
profit and loss statement	306
profit gain	306
profit performance-related	

Q

qualified opinion	19, 315
quick kill	315
quote machine	316

R

rat trading	317
real-name financial system	319
real-name financial transaction system	319
real-name system for financial transactions	319
red chip	322
red herring	322
regional bank	323
remote banking	325
resistance	327
resistance level	327
revaluation	328

reversal of trend	329	shortage of selling orders	350
revolving credit association	329	SIC	350
right to exercise the stock put option	329	slaughter	352
		slush funds	353
rights issue	56	small cap. performance-related shares	353
rights offering	56		
rumor and hype	178	small cap. performer	353
run	332	small-and medium-capitalization stock	49
run the books	333		
runaway growth	332	stability-first policy	181
		statement under oath	360
		stock pile	363
		support	368
		support level price	368
		surveillance issue	17
scale trading	336	sweetheart stock deal	370
secret commission	338	syndicate	371
sector	338		
(The) Securities and Exchange Act of Korea	340		
Securities Industry Association (SIA)	340	take a bath	373
segregation of duties	340	take a beating	374
seigniorage	341	tax credit	379
sell off	344	tax deduction	379
selling climax	342	tax haven	381
selling concession	343	technology-intensive industry	385
selling off	344	the whole session	346
shake out	346	tombstone	388
share repurchase plan	347	trade secret	391
shell company	348	trading value	392
short swing	315		

trial balance 394

U

underground curb market 398
unearned revenue 399
unemployment rate 400
uneven disclosure 400
unhealthy links between
  business and politics 400
up-front fee 403
upper price limit 303

V

vested interests 406

W

wage hike 408
wage increase 408
watch list 409
window dressing 410
work sheet 411

Y

Yellow Book 414

ㄱ

각서(覺書)	226, 360
감리 종목(監理種目)	17
감미제	218
강제 매각(强制賣却)	164
거래대금(去來代金)	392
경제정의실천연맹(경실련)	79
계(契)	108, 329
계약 위반	59
고객예탁금	113
고객층	113
공개시장 매수(公開市場買受)	279
공동서류검토회의(共同書類檢討會議)	135
공동화	190
공매도(空賣渡)를 하다	176
공모	311
공정거래위원회(公正去來委員會)	150
과열 성장(過熱成長)	332
관리 종목(管理種目)	17
구멍가게	251
(한국) 국세청	260
(미국) 국세청(國稅廳)	206
국제통화기금	206
금융감독원	157
금융실명제(金融實名制)	319
금융위험전문관리자협회	175
급매	157
급매 처분	157
기관 선호 종목	265
기득권(旣得權)	406
기술집약산업(技術集約産業)	385
기업공시(企業公示)	126
기업은행(企業銀行)	200
긴축조치	35

ㄴ

나스닥 시장	259
내부 승진(內部昇進)	308
내부자 거래행위(內部者去來行爲)	201

ㄷ

단기 매매	315
단기 모도리	125
단위주(單位株)	53, 145
단일은행지주회사(單一銀行持株會社)	273
단주(端株)	167, 274
단타	315
당일치기 거래자	117
대등거래(對等去來)	30
대량 감원	246
대량 해고	246

대변(貸邊)	105	미국증권업협회	259
대세 반전(大勢反轉)	329	미납세금(未納稅金)	39
대세 추세에 맞서지 마라	131	(회계) 미수수익	399
대세(大勢)를 거스르다	62		
대손충당금(貸損充當金)	24		
대체 투자수단(代替投資手段)	25		
대출 담보(물)	232		
대형주(大型株)	49	반대 매매	164
동행지수(同行指數)	89	발생주의(發生主義)	12
등기부 등본	80	발행 인수단을 구성하다	333
		배당 성향(配當性向)	291
		보유물량(保有物量)	189
		보증주(保證株)	183
		보험 계약자 대출	297
런던 은행간 대출금리	228	보험료	203
레드칩	322	복권	238
매각 초과(賣却超過)	286	부도수표(不渡手票)	128
매각처분 시기	175	부적정 의견	315
매도 절정기(賣渡絶頂期)	342	부티크	58
매물 부족 사태(賣物不足事態)	350	분식결산(粉飾決算)	410
매입 초과(買入超過)	284	불공정 공시(不公正公示)	400
매집(買集)	13	비은행권 금융기관	266
		비자금(秘資金)	338, 353
		비적정 의견(非適正意見)	19
		비활성 부채(非活性負債)	268
모집요강(募集要綱)	296		
묘석(墓石)	388		
물타기 매매	336		
미국 보험감독원	259	사규집(社規集)	93
미국 세무사	137	사업설명서	275

사외 이사(社外理事)	284	싱가포르 통화청	251
사재기	67	12월 장(場)	120
산업별 업종(産業別業種)	338	CD기(機)	77
산업표준 분류체계	350		
상승 종목(上昇種目)	19		
상승세	332		
상한가 · 가격 상한(上限)	303		
상호 부채 보증	232	안정우선론(安定優先論)	181
선취매(先取買)	18	(은행) 야간 금고	265
선취수수료(先取手受料)	169, 403	약정(約定)	180
선행지수	89	업무 분장	340
성업공사(成業公社)	217, 219	여신규제(與信規制)	107
성장우선론(成長優先論)	181	여유 자금(餘有資金)	194
성장주(成長株)	182	역발상(逆發想)으로 투자하는	
세액 공제(稅額控除)	379	전문 투자가	98
소액주주	249	연말장(年末場)	120
소액주주(少額株主)의 소액채권	38	연속 초강세(超强勢)	63
소형 실적주(小形實績株)	353	영업 기밀	391
손바뀜	82	예금인출 사태	124
손익계산서	306	예대 마진(豫貸 margin)	233
손익계정	198	예비사업 설명서	
손해를 보다	374	(豫備事業說明書)	322
순환주(循環株)	115	온갖 풍문	178
시산표(試算表)	394	외상매출금	10
시세(時勢) 다지기	95	외자도입법(外資導入法)	164
시중 은행	323	외환보유고	165
신고점(新高點)	186	요주의 종목(要注意種目)	409
신주(新株)	263	우량주	53
실업률(失業率)	215, 400	우리사주제도	141
실적주(實績株)	306	원거리 은행 업무	325
실현이익	306	위약금	166, 292

유상증자	56	자연 감원(自然減員)	260
은행의 특별고객 우대업무 /		자전거래	109
VIP 서비스	304	잔고 부족	272
은행통장(예금통장)	43	장세를 조작(操作)하다	296
이식 매물(利息賣物)	307	재고처분(在庫處分)	208
이탈(離脫)	129	재정거래(裁定去來)	30
인사 문제(人事問題)	294	저지선	327
인수단(引受團)	371	저퍼주(低 PER 株)	238
일본공사채연구소		저항선(抵抗線)	327
(日本公社債研究所)	214	전광판(電光板)	141
일본의 대외원조기구	276	전후장 모두	346
일일 정산	243	정경유착(政經癒着)	90, 400
일임매매계좌(一任賣買計座)	127	정관(定款)	31
임금 인상	408	정산표(精算表)	411
입의상환 금지기간	69	징책 내출	297
		조세피난처(租稅避難處)	381
		조정	95
ス		종가세(從價稅)	16
		종업원지주제(從業員持株制)	141
자금 유출	170	종합주가지수(綜合株價指數)	222
자금경색(資金梗塞)	106	주가수익배수	302
자금난(資金難)	295	주간사 노릇을 하다	333
자금수요(資金需要)	76	주간사 수수료(主幹事手受料)	299
자금 유입	72	수당 순이익 지수	
자금이탈(資金離脫)	71, 72	(株堂純利益指數)	302
자본금 현재 잔고(現在殘高)	284	주당수익률	302
자본비율(資本比率)	73	주식 재고(株式在庫)	363
자본시장 육성법		주식매수청구권	
(資本市場育成法)	224	(株式買受請求權)	30, 330
자사주식 재매입 계획		중국 인민은행	292
(自社株式再買入計劃)	347	중소기업 협동조합 중앙회	220

중소형주	49
쥐새끼 거래	317
증거금(證據金)	18, 137
(한국의) 증권거래법	340
(미국의) 증권업협회	340
지방 은행	323
지점 설치의 인가	59
지지선(支持線)	368
지표(指標) 종목	47
지하 사채시장(地下私債市場)	398
질권(質權)	296

ㅊ

차량 이용 현금인출기(現金引出機)	134
참여 연대	311
총회꾼	172
출혈경쟁(出血競爭)	114
침체기	311

ㅋ

큰 손해를 보다	373
큰손 고객	187
통정매매(通情賣買)	370
(미국의) 통화감독국	276
투매(投賣)	288, 344, 352
투자 대체수단(投資代替手段)	25
투자심리(投資心理)	210

특별우대 고객	187
특별이해관계인(特別利害關係人)	20

ㅍ

판매 능력	296
판매 수수료(販賣手數料)	343
퍼(PER)	302
페이퍼 컴퍼니	348
평가절상(平價切上)	30, 328
평가절하	328
피박을 쓰다	373

ㅎ

하한가·가격 하한(下限)	303
하향 고점(下向高點)	125
한계기업	243
한국국제금융센터	220
한국금융연구원	221
한국금융연수원 (韓國金融硏修院)	220
한국상장회사협의회 (韓國上場會社協議會)	221
한국증권업협회 (韓國證券業協會)	221
한정 의견	19
해외 부패방지법	164
헤어컷 비율	184

현금수요(現金需要)	76	회계사 한정 의견	
현금자동지급기	77	(會計士限定意見)	315
현금주의(現金主義)	76	회계조작	410
현물(現物)	16	후문상장(後門上場)	39
호가 단말기(呼價端末機)	316	후장(後場)	21
홍콩 금융관리국	191	후행지수	89
홍콩 은행 간 금리	186	흑자도산(黑字倒産)	44
화폐 주권	341	흔들기	346
황서(黃書)	414	희박화 방지조항(稀薄化防止條項)	28

참고문헌

일간 정기간행물

- Asian Wall Street Journal • Financial Times

주간/월간 정기간행물

- Asiamoney Magazine • Asiaweek Magazine
- Euromoney Magazine • The Economist Magazine
- Far Eastern Economic Review • Institutional Investors

단독 간행물

- Allen & Overy : Leadmanaging a Eurobond Issue; The Legal Issues
- Accounting & Finance in China • A Glossary of Financial Terms
- Dictionary of Accounting Terms
- Dictionary of Finance and Investment Terms
- Investors' Guide to the Net • Jenny Wong : English for Banking
- Paul Burns : Business Finance • Safe Sex on the Wall Street
- Samuelson : Economics • Special English : Banking
- Understanding Capital Markets • Waugandt : Accounting Principles
- 매일경제신문 경제신어사전(每日經濟新聞 經濟新語辭典)
- 일본경제신문 금융증권 영어사전(日本經濟新聞 金融證券英語事典)
- 성문각 : 스탠더드 영한사전
- 쌍용투자증권 증권투자론(雙龍投資證券 證券投資論)
- 이강남 : 국제금융론(國際金融論)
- 법문사 : 증권금융사전(證券金融事典)

▎이동욱

충남대 영문과 졸업. 고려대 국제대학원을 거쳐
쌍용투자증권에서 국제금융, 국제영업, 국제업무 등을 맡고
홍콩 및 상해 사무소장으로 근무함. 현재는 국제금융센터에서
아시아 데스크 선임연구원으로 재직중.

저자와의
협의하에
인지생략

영어증권금융용어사전	초판 1 쇄 발행	2000년 2월 15일
	초판 2 쇄 발행	2000년 2월 29일
이 동 욱		
	펴 낸 곳	(주)신원문화사
	펴 낸 이	신 원 영
	주 소	서울시 강서구 등촌1동 636-25
	전 화	3664-2131~4
	팩 스	3664-2129~30
	출판등록	1976년 9월 16일 제5-68호

＊잘못된 책은 바꾸어 드립니다.

이동욱 ⓒ 2000   ISBN 89-359-0894-0 13740